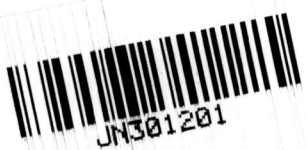

KINZAI バリュー叢書

金融リスク管理の現場

日本総合研究所 理事
西口　健二［著］

一般社団法人 金融財政事情研究会

■はじめに

本書は、金融リスク管理の基礎と今後の再構築について、これを読めば全貌がわかる基本書とする。銀行で長らくリスク管理の実務に携わってきた経験に基づき、体制の「構築」と「運用」の両面で解説する。

専門知識を前提とせず、金融に関心のあるすべての読者に基本から丁寧に説明して自習書として使用できることを目指す。次世代の金融経営を担う若い実務家を中心的な読者として想定するが、現在、陣頭指揮をとっている経営トップの方にも手にとっていただければ、必ず得るところがあると信じる。

常に自己革新的であることが求められるリスク管理について、既成概念にとらわれず、可能な限り、“スケプティカル”な姿勢で筆を進めたつもりである。同時に、できるだけ多くの「先人」の智恵を盛り込んだつもりである。

さてここで本書執筆に際しての歴史認識について少し触れたい。21世紀は、世界的金融バブルの形成とその崩壊で始まったのではないだろうか。そして何世紀にもわたる欧米の優位が剥落する幕開けとなる。金融危機への対応のため、Ｇ７、Ｇ８ではなく、Ｇ20の首脳会議が開催されたのも象徴的だ。

そして、欧米のビジネスモデルのみならず、金融の安定性を高めるために、欧米の金融機関で発展したリスク管理までも機能しなかった。わが国は先進諸国に追いつけ追い越せと真似てきたわけだが、その背中を見失うことになった。

また、金融危機の後、当局により金融規制案が数多く叫ばれたが、それでだれも問題が解決したとは考えていない。リスク管理についても無力感がただよったままであり、さらにひどいことには、金融全般に将来像が見出せず、沈滞したままといえる。

そんなグローバルな金融危機が続くなかで発生した東日本大震災は、わが国の経済に大きな試練を与えた。安全神話は崩壊し、これまで万全とされてきたもろもろの仕組みがもろくも崩れた。

しかしながら、複雑な構造のなかで、安全、安定を維持することがますます必要になり、リスク管理がそのためにあるとすれば、リスク管理が無用の長物になったのではなく、いまこそ再構築が求められているといえよう。

それにしても、金融危機は100年に一度だといわれ、その傷が癒えないなかで、ほぼ同時に、1000年に１回というような震災が起こった。いまこそ、リスク管理について、制度改革を含め本質的な議論が必要な時と考え、あらゆる事項を徹底的に総点検してこれまでの不具合に警鐘を鳴らすとともに、再構築に向けての取急ぎの処方箋と将来の方向性を示すことができればと考える。

本書の構成

本書では、まずリスク管理全般において、今後とも基礎となる事項を再確認することから始める（第１章）。そのうえで、金融規制やリスク管理の変遷を俯瞰し、見え隠れしはじめていた綻びを10あまりの視点で明らかにしていく（第2章）。ここで鳴らされる警鐘が、本書のこの後の考察のベースとなるものだ。

そして、従前のリスク管理の限界を明らかにして、金融危機を誘発した新たなリスクを「マクロリスク」として把握管理する方法を紹介し、最近の発展にまで言及する。また、規制においても、こうした状況下で出てきたバーゼルⅢやドッド＝フランク法（ボルカールール）について解説する（第3章）。

さて、大震災は、リスク管理の罠をあらためて浮き上がらせ、天災のなかにある人災の問題をつきつけた。本書では、さまざまな角度から課題を点検し、想定最大リスクの設定方法の見直しや、ストレステストの実効性確保のための体制構築、緊急時体制移行の包括的な仕掛けづくりについて実務的な提案を行う。さらに、地震リスクへの対応を含め、ここ数年、実効性の向上がめざましいオペレーショナル・リスクの先進的手法について説明を行い、BCP（業務継続計画）のリスク評価や地震等のリスクへの経営資源の備えといった、震災後、直ちに対応することが要請されている項目についての具体的な内容を紹介する（第4章）。

本書の最後の第5章は、将来に向けての視点と規制再構築の論点についてまとめるものであり、筆者の意見にわたるものだ。読者の厳しい叱責を期待するものである。

対象とねらい

本書は、銀行、生損保や、さらに商社等、金融取引を行う企業全般に共通するリスク管理を対象とする。理解を助けるため、ケーススタディの章を置き、また、筆者の20年近くに及ぶ実務経験に基づく具体例や事例研究を囲みで数多く紹介し実践的な内容とする。

さらに、固い解説だけにならないよう、リスク管理のために不可欠な「現代を読み解く鍵」を各章の後に物語風に挿入して読者の理解を広げる。各章をつなぐつもりでもあるが、ここだけを独立しても読めるものだ。

まったくの余談だが、筆者が若い頃に携わった数学は、現代を読み解く鍵③でも紹介するが、「図形問題で分度器をあてずに角度を求める」ことをする学問だ。数式を使っていても、工学とか他の学問では分度器をあてて角度を求める。本書は、リスク管理の問題が出るたびに、分度器をあててやみくもに場当たり対応するのではなく、考え方の原理を少しでもお伝えしてそこから演繹できるような知見を得てもらうことがねらいである。

リスク雑感①　形式化の戒め

ところで、リスクとはどう向き合えばいいのであろうか。筆者自身、１年あまり前まで三井住友銀行で、長らくリスク管理の実務に携わってきた。そこからの１つの結論は、「やむをえない」という言葉を使ったところで、リスク管理は形式化するということだ。これは、本書全般に共通している戒めである。そして、本書内でも強調するが人災と天災を区別することが、リスク管理を機能させるために不可欠だ。最近よく話題になるが、想定外という言葉で片付けるとリスク管理は終わりではないか。

リスク雑感②　安全と効率

それから、経済合理性という言葉や、リスクリターンの極大化というような表現がよく使われるが、これらは都合のいいように誤用されていないか。あるリスク事象に備えるという場合に、リスクをどの程度で想定するかで答えはまったく変わってくる。また、どの程度の時間軸で考えるかでも答えは違うもので、利益はすぐに出るがリスクは後から起こる。これらを無視して、リスク事象の程度を小さめに想定し、また、時間軸でも当面発生しないとすることで、利益を向上させることが可能になり、経済合理性やリスクリターンの極大化ということに適っていると考えてしまうわけだ。効率性向上はすぐに結果となり経営はこれを合理性と考えがちだ。そして安全対策が先送りされていることが認識すらされないことがある。これは経済合理性の罠であろう。

また、「選択と集中」とよくいわれるが、これも経営を集約していくなかでリスクを集中することを無反省に合理的と考えてしまってないか、しっかり問いかける必要がある。ある意味で「選択と分散」をし、安全コストをかけることも必要だ。企業内でも、あらゆる次元で集中排除や無駄の意図的創出を行い、過度の効率化を進めると結果としてかえってきわめて脆弱な経営となってしまうことを意識するのも大切だ。安全に関する経営責任は、効率性に対するそれと同様の重さがある。第1章の統合リスク管理を学ぶに際して常に意識しておいていただきたいことである。

リスク雑感③　経営の逃避

さらに、本書の第4章で詳しく述べるが、リスク管理の陥りやすい罠として、想定するリスクをその時の経営資源で備えが可能な水準から逆算することがある。そして悲しいことに、理屈に忠実にリスクを唱えるものを、企業内で、「そんなことをいっても現実には対応できない」として疎外していく経営がはびこることがある。これは「リスク無視」ともいうべき、現実からの逃避であり、経営トップの最大の責任だ。

リスク雑感④　国家規制と私企業

安全性が社会的に問われる企業は、国から強い法規制を受ける。ところが、ここにも大きな陥穽がある。国の基準に合致するとそれ以上の義務責任がないかのように勘違いをすることだ。あたかも規制を遵守することが経営者の必要十分条件と考えてしまうのだが、あくまで、現行の規制は最低限の要請をしているにすぎない。

そしてわが国の金融機関の大きな特性として、本書の第2章のなかでも論じるが、公共性への傾斜ということがあり、ステーク・ホルダーのなかで当局が特異に大きな位置にあるということだ。電力会社と類似の構図にあるのだが、こういった公共性の高い企業群において、国と企業の責任の線引きがあいまいになってきてはいないか。国と企業の間に規制を通してもたれあいが発生し経営の責任が減じられているとすると、規制をかけることの問題やリスクと規制の関係につきしっかりと考える必要がある。公共性がその企業の本質でありながら、私企業であるという、この二面性をどう整合させることができるのか。あらためてこういった企業への法規制を総点検しリスク管理を再構築することが急がれるのではないかというのが、本書の問題意識であり、最後の第５章で論じる。

アプローチ、トップダウンかボトムアップか

さて、リスク管理体制の構築や運用は、トップダウンとボトムアップのどちらがいいのであろうか。金融検査マニュアル（「預金等受入金融機関に係る検査マニュアル」）には、経営層や取締役会の関与を強く要請しており、トップダウン指向かもしれない。また、欧米の金融機関のリスク管理もトップダウンとよくいわれる。

数年前になるが、欧米の金融機関や当局者との勉強会でオペレーショナル・リスク管理の枠組みについて説明をした際のことだ。欧米の関係者は、われわれのきわめて網羅的で細かいボトムアップのアプローチに一様に驚き、また、「経営者が認める重大なシナリオだけでほとんどのリスクがカバーされるのではないか。ボトムアップのアプローチは自分たちにはできない」というものであった。

ところが、わが国では、リスクの所在を網羅的に調べてそこから重大なシナリオが抽出されることを経営は要求し、トップダウンで決めようとはしない傾向にある。たしかに、ボトムアップは時間とコストがかかるが、もれがなく安心感や信頼感が高い。一方で、経営が直接、個別のリスクを特定しているわけではないので、リスクの削減やコントロールにおいて、責任が不明確であったり、指示の浸透が不十分となりがちだ。

このように、リスク管理はトップダウンかボトムアップかという命題は、各国・各社の企業文化にも関係し、また、それぞれに特色があってどちらか一方に決まるものではない。ただ、本書では、経営の関与について常に意識しながらも基本的にボトムアップに軸足を置きながら解説を進めていくことにする。

謝　　辞

本書の執筆に際し、一般社団法人金融財政事情研究会の出版部長の加藤一浩様には大変お世話になった。この場を借りて厚く御礼を申し上げたい。

目　次

第1章

金融リスク管理の基礎
―これまでのプラクティスのなかで引き続き有効なリスク管理とは―

第2章

金融規制とリスク管理実務の変遷
―この20年間の発展と綻びが見え隠れしたリスク管理とは―

第3章

新たなリスクへの対応と金融規制の動向
―金融危機を経て要請される規制とリスク管理とは―

第4章

リスク管理体制の点検と再構築（直ちに着手が必要な事項）
―震災をふまえて見直しが必要なリスク管理とは―

第5章

金融の将来に向けて

第1章 金融リスク管理の基礎

—これまでのプラクティスのなかで引き続き有効なリスク管理とは—

1 統合リスク管理の全体像

経営を取り巻くリスクが多様化・複雑化するなかで、どの事業やどの取引に経営を揺るがすリスクがあるのか、また、全社のリスクの総体が経営体力の範囲内であるかを判断することは容易ではない。そこで、この20年間、欧米を中心に発展してきた経営管理手法が、統合リスク管理である。第1章では、これまでの実践のなかで、引き続き基礎をなす事項を再確認することがねらいであり、本項ではまず統合リスク管理の全体像を解説する。

(1) 基本となる考え方（3つの理念）

統合リスク管理の基本理念となるのは次の3点である。いずれも当たり前のようにみえるが、実は、リスク管理がうまく機能しないという場合、そのどれかが軽視されているもので、常にしっかり確認されなければならないものだ。

① 統合的管理

個々のリスクを別々にとらえるのではなく全体として把握し、適切なリソースを投入することが最初のポイントだ。逆にいえばある1つのリスクには深く関与するが、関連するリスクにはだれも関与しないという事態を何が何でも避けることが重要である。

これは「脱サイロ」の原則ともいえる。縦割りの収納庫であるサイロに入り込んで、そのなかでは頑張っているが、その外では何が起こっているかわからないという状態のところばかりではリスク管理はできない。

② 計量化に基づく管理

2つめは、リスクを計量化することだ。定量的にとらえることで、全体のリスクの大きさがわかり、また相互のリスクの大きさを比較することも可能になる。ただし、計量化の前提に係る理解をしっかりもちその限界を把握しておくことが必要である。

もう少し詳しく解説すると、計量化は複雑なリスクを「可視化」する原則であり、ベースとなる計量化の理論モデルは、90年代以降の金融において、ある意味で「金融の産業革命」（グリーンスパン前FRB議長）を可能とし多様で高収益の金融商品や金融ビジネスを生み出すブレイク・スルーとなった。

一方で、この可視化は一定の前提のもとではじめてワークする計測器であり、金融危機の頃の金融市場ではこの前提が崩れすでに無力化していたが使い続けられてしまった。理論モデルは、これからも高度化されていくであろうが、常に前提に伴う限界がある。便利なはずの道具が凶器となってしまってはならない。いまやこの道具はなくてはならないことも事実であり、次の2、3で詳しくこの手法を解説するが、その効能に加え前提をしっかり理解することが重要だ。

③　経営戦略との整合的な管理

3つめは、経営戦略との整合性を確保することだ。何が何でもリスク管理を強化すればよいというのでは適切な判断を導けないという考えだ。

これは「リスクアピタイト」経営の原則でもある。どこまでのリスクを受け入れるかを明確にしてこれに適合する管理を行うということであり、安全性と効率性のバランスをどこに置くかを認識して一貫性のある経営を行うことだ。

典型的なたとえは金融ではないが、原子力リスクをとるかどうかの判断だ。これは国家レベルで行われるものだが、答えは1つではない。ただ、原子力リスクをとらないと決めると明らかに安全性は高まるが高コスト体質となる。このバランスを判断したことになるわけだ。

■ 統合リスク管理の特徴

以上が統合リスク管理の3つの理念だが、その特徴として、財務的な損失、つまり資本を毀損させるリスクを計量対象として自己資本の健全性確保に応用され、また、事業ポートフォリオをリスクとリターンの関係でとらえて経営の選択に利用されることがある。なお、統合リスク管理の類似の概念として図表1－1のようなものがあるが、各々利用のされ方において異なる特徴をもつことを、ここでは補足的に述べておく。

図表１－１　統合リスク管理と類似の概念

	概　要
JSOX	財務諸表の正確性を担保するための内部統制 （金融商品取引法への対応）
ERM	統合リスク管理、全社的リスク管理
CSR	社会的責任

（注）　JSOX：米国サーベンス＝オクスレー法の日本版
　　　ERM：Enterprise Risk Management
　　　CSR：Corporate Social Responsibility

■ リスク管理が機能するための経営の条件
―「自己責任」と「先憂後楽」の原則―

さて、リスク管理というものが金融機関の経営において機能するためには前提条件があり、それについてここで触れてみたい。その１つ目は、まず、自己責任の原則が徹底されていることだ。責任の線引きがあいまいなところでは、だれもリスクを自分のものと思わない。ある意味で、自己責任が明確であることと、リスクの所有者が明確であることは必要十分だ。多くの経営者は、社内における責任体制についてはしっかりできていると考えるだろうが、目をかえて、さまざまなリスクについてその所有者が明確か、を問い直してみてはどうか。そして、直接の業務執行をすることのない経営層には、最後に最も重い「noblesse oblige」があることを言い添えたい。

さらに、リスクの特性であるが、損失というかたちで示現するのは、時間軸では後になってからだ。業務執行して利益が得られた後、数年ということもあるが、相当時間が経過してから損失が実現することがある。したがって、リスクというのは、損失の可能性として前もって管理することが条件となる。リスク管理が先で利益が後の経営が求められるわけだ（先憂後楽の原則）。ところが、本書でも、何度もいろいろなかたちで論じるが、これがなかなかできない。たとえば金融危機後に話題となった報酬問題も、膨大なリスクが残っているにもかかわらず先行して計上された利益で報酬が支払われることが根にある。また、時間が経過してから示現した大きなリスクについて「想定外」という言葉で片付けられる。結局、リスク管理が後手になってしまうわけだ。

このように、「自己責任」と「先憂後楽」の原則を守ることが、リスク管理を形式化させず、経営において実質的に機能させるための前提条件となる。本書では、より実務的な観点からリスク管理を述べるので、これらの原則を社是のように掲げろとここで申し上げることはしないが、読者はこれらの原則を常に意識しながら読み進めていただければと考える。

⑵　対象とするリスクと事業との関連

統合リスク管理は、前述のとおり財務的な損失として示現するリスクを計量対象とするわけだが、これらのリスクをそれ以外のリスクとともに特定することから始まる。そのうえで事業ポートフォリオの形成という経営課題に対して、統合リスク管理は１つの経営手法ともなりうるものである。

ここでは、計量対象リスクを例示し、さらに事業への統合リスク管理の意義を既存と新規のビジネスに対してみることとする。

■ 対象とするリスクの分類と概要

金融機関におけるリスクだが、計量対象リスクとしては、市場リスク、信用リスク、オペレーショナル・リスク（オペリスクと略することも多い）がある。また、計量対象ではないリスクとしては、流動性リスクとレピュテーショナル・リスク（風評リスク）があり、それぞれの概要を表にまとめると図表1－2、図表1－3のようになる。

図表1－2　計量対象リスク

リスクカテゴリー	概　　要
市場リスク	市場価格やそのボラティリティ等が予想に反して不利な方向に変動した結果、各種商品で構成されたポートフォリオの価値が変化し損失が発生するリスク
信用リスク	与信先の財務状況の悪化などにより、与信に係る資産の価値が減少ないし消失し、損失を被るリスク
オペレーショナル・リスク	業務の過程、役職員の活動もしくはシステムが不適切であることまたは外生的な事象により損失が発生しうるリスク

図表1－3　計量対象としないリスク

リスクカテゴリー	概　　要
レピュテーショナル・リスク	マーケットや顧客の間における評判が悪化することにより損失を被るリスク
流動性リスク	運用と調達の期間のミスマッチや予期せぬ資金の流出等により資金調達に支障をきたし、決済日に支払義務を履行できなくなる、あるいは通常よりも著しく高い金利での資金調達を余儀なくされ、損失を被るリスク

■ 事業ポートフォリオの経営課題への適用

次に既存ならびに新規の事業ポートフォリオの形成と統合リスク管理の関連について述べる。まず、特に既存の事業ポートフォリオに関しては、経営課題として、主要業務での「選択と集中」や経営環境の変化への対応がある。また、主要業務以外の関連事業でも、どの程度、経営資源を投入し経営多角化へ対応するかといった課題がある。

これらの経営課題への対応においてベースとなるのは、各事業の潜在的なリスクを把握し、以下の2点について見極めることである。まず、事業リスクの総体は経営資源（自己資本）のなかか、もう1点は、当該事業はリスクに対して収益や将来性が他に比して劣後していないか、である。そしてこれらの見極めにおいて鍵を握るのが「統合リスク管理」であり、本項で全体像をみるとともに、3で実践方法を解説する。

■ 新規事業への適用

また、新規業務においても統合リスク管理は、以下の基準を整備・運用するに際して本質的な役割を果たす。まずは①新規参入に際し、リスクを洗い出して評価し、それに対してどの程度収益が見込めたら実行するかの「参入判定基準」であり、さらに、②業務開始後、どの程度のリスクを許容し、さらに将来のリスクがどの程度まで高まれば中断するかの「Exit基準」だ。これらの策定は新規事業への規定としてリスク管理の実践のなかで明確にされている必要があり、3(5)で詳しく述べる。

■ 商業銀行におけるExitと社会的責任

ただ、この「Exit基準」の執行は商業銀行においては一見、大きな限界がある。商業銀行業務は公益性・公共性が大きく、貸金は、簡単に「Exit」できるものではなく借入人が苦境であれば特に継続することが銀行の本質的役目ともいえるからだ。その一方で、貸金先に再建の見込みがない、つまり退場するしかない状況もありうる。ただ、この判定は、外部のだれからみても明らかな基準でできるものではなく、借り手からの非公開情報で融資を行いうる商業銀行において、かつそこが審査能力を有する場合のみ可能となるものだ。

商業銀行は、預金といういつでも払戻しをしなければならない資金を集めて、借り手に期限の利益を供与するのが役目であるが、再建の見込みがない場合に「Exit」を判断することも同時にその役目であり、これらを総合して貸し手責任といえるものであろう。つまり、商業銀行は、リスク管理をして融資を実行し、かつリスク管理の本質の1つであるExitを執行するなかで、その行為全体において貸し手としての社会的責任を負う。それゆえ、数多くのセーフティネットに銀行は守られているともいえるわけで、商業銀行のリスク管理における本質的問題を投げかけるものだ。この点については、最後の第5章で掘り下げたい。

■ 統合リスク管理はただ1つの解決を示してくれるのではない

さて、ここまでのところで、統合リスク管理は、既存もしくは新規の事業ポートフォリオの経営課題に適用できると述べ、本項の以下でその詳細を解説していくわけだが、ここで統合リスク管理はこれらの課題に対してただ1つの解決を示してくれるのではないことを強調したい。あたかも、こういった統合リスク管理を導入すれば、リスクリターンを極大化するような唯一の解決策が自動的に演繹されると考えがちだ。「経済合理性」や「選択と集中」なども、エコノミストがあたかも絶対的真理のように言及するが、リスクをどこまでの範囲で評価しているかをはっきりさせていない場合、結局は何もいってないに等しい。リスクというのは、①遅れて示現するものでありどれくらいの時間軸でみるか、②評価するに際してどれほどの過去の事例までさかのぼるか、③どれくらい頻度の少ないものまで考慮するか、により、結論はまったく異なるものだ。これらを明示せず、つまり、どこまでの安全性をみるかを明らかにせず、効率性を高めるというのはありえない。本項では、定量的な扱いのなかで、安全に関する経営責任をどう果たすか、そのもとで収益性や効率性をどう高めるか、ということを判断していく際の経営の枠組みとして「統合リスク管理」を解説する。

(3) フレームワーク

統合リスク管理のフレームワークは以下のとおり３つのステップに大きく区別される。

① 対象となるリスクの特定

管理対象となるリスクを特定するステップであり、金融機関においては、上記(2)に示したような、計量対象リスク（市場、信用、オペの各リスクカテゴリー）と非計量リスク（流動性、風評の各リスクカテゴリー）に分類される。

② リスクの計量化

ここがいちばんテクニカルであり、この20年の金融技術の進歩に依存しているところだが、まず基本的な定義を確認すると、リスク量は、保有期間の間に被る一定の信頼確率（または、信頼水準）での最大損失額と定義し、これを「リスク資本」と呼ぶ。ここで、保有期間は、リスクにさらされている期間、または、１年とすることが多い。また信頼確率は、99%または99.9%とすることが多い。正規分布で99%の場合は、2.33×標準偏差となる。詳細は３で述べることとするが、ここでは信頼水準の意味するところについて述べる。

・信頼水準……たとえばこれを99%に設定するということは、1%の確率で損失がこの額を超過することになる。したがって、計量化されたリスク量だけ資本をもっているとして、保有期間が1年であるとすると、年率1%の確率で資本を超える損失が発生するということだ。つまり、倒産確率が1%ともいえる。もし、信頼水準が99.9%で計量化して資本を具備しているとすれば、倒産確率は0.1%となる。要するに、信頼水準の設定と自社の格付がリンクするということになり、いかにこの設定が重要かがおわかりいただけよう。ただし、3で述べるように、各リスクカテゴリーの特性によりリスクを適切に把握するためには必ずしも同一水準とするのがいいともいえないことをここで言及しておく。

③ リスクのコントロール

これは安全性と収益性の2面があり、まず、安全性は、自己資本の範囲内でリスク資本極度を設定し、リスク資本をリスク資本極度（リスクリミット）の範囲内にコントロールすることだ。また収益性は、リスク資本対比収益率の極大化を目指すことである。

■ 経営課題への対応

そして最終的には、各部門（事業）のリスクコントロールの状況や収益性を評価し、経営資源を再配分するのが到達点である。この一連のフローを示すと図表1－4のようになる。重要なのは、統合リスク管理のフレームワークをあくまで経営管理

図表1－4　リスクのコントロールと経営課題への対応

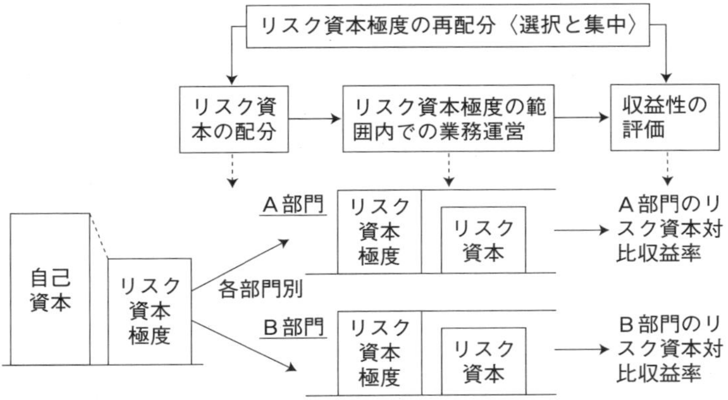

のなかに位置づけることであり、決して、専門部隊による特殊な業務としてはならないことだ。

■ 経営計画ならびに新規業務に対する「リスク検証」の制度

言い換えると、統合リスク管理のフレームワークにより、毎年、自己資本からリスク資本極度を決定することは、リスクの視点から、過年度の経営計画とその運営が適切であったか、また、来年度の経営計画が妥当かどうか、を検証することにほかならない。したがって、(4)で述べるリスク管理方針や規定とともに、リスク資本極度の設定（つまり自己資本の配賦）は、経営計画の決定と同時にかつこれをリスクの観点から検証する位置づけで経営にて決定されなければならない。逆にいえば、経営計画は、このリスク検証がなされてはじめて有効となるということが制度化されている必要がある。ここが、統合リスク管理を経営管理の一環に置くために最も重要なところだ。経営の根幹に係るところだが、統合リスク管理を行う限り、不可欠な制度であることを強調しておきたい。

同じことは、新規業務における「参入判定基準」や「Exit基準」の設定にもいえ、新規業務の経営決定と同時に、これらの基準が、リスク検証という位置づけで経営決定されるべきものだ。新規業務については、より具体的な規定が求められ、3(5)で解説したい。

■ 銀行経営にとっての自己資本の認識

これまで述べてきたように、統合リスク管理の基本の1つに、リスクと、発生した損失を吸収する役割の自己資本を関係づけることがある。ところが、かつての右肩上がりの経済環境や持合いが一般的な株式市場のもとで、わが国の企業や特に銀行にとって、自己資本に対する経営者の認識はきわめて乏しかったといえる。後ほど、この問題を、第2章1(4)ではステーク・ホルダーとの関係で、また、第2章3(1)では1980〜90年代のBIS規制の導入の経緯に照らして解説をするが、ここでは、リスク管理において要の役割を自己資本が担うことを強調しておきたい。かつての銀行経営者において、第2章2(1)で触れるような安全神話があり不良債権をいくらでもコントロールしうるという認識から、「銀行には自己資本は不要」「BIS規制があるから資本をもつ」というような発言を聞いたことがある。さすがに、いまやそんなことはないだろうが、銀行経営が自己資本の意義をしっかり認識することが、統合リスク管理が実効性をもつための基礎となる。

(4) コントロール・プロセスと組織体制

前述のように統合リスク管理のフレームワークは「特定⇒計量⇒コントロール⇒経営課題への対応」というサイクルからなる。そこで特にコントロールの部分については、まずプロセスを整備することが基本であり、そのために独立したリスク管理部門の設置、監査部の設置等の組織整備をすることが求められる。また、経営陣の直接的な関与が重要であり、経営レベルで方針や規定を文書化して運営するというガバナンスの確立が不可欠だ。まず、コントロールのプロセスだが、以下の3つから構成される。

① リスクリミットの設定

リスク量を適正水準にコントロールすべく、リスク資本の上限（極度）を、リスクの種類（リスクカテゴリー）ごとならびに全体に設定する。

② リスク量の把握および経営陣への報告

リスク量を適時に把握するため、リスク資本の状況を定期的（月次等）に経営陣に報告する。

③ リスクリミットの管理（超過時対応）

あらかじめリスクリミットの80%や90%等に警戒ラインを設定し、同ラインに抵触した場合は、その後の方針を検討し決定する。超過時においてはすみやかに決められた方針にのっとりオペレーションを行うとともに経営陣宛て報告を行う。

■ 組織整備ポイント

このようなコントロール・プロセスを実施するためには組織整備が不可欠だが、そこでのポイントは独立したリスク管理部門の設置だ。リスク管理部門の組織を他の部門と分離して設置し、実効性の高い相互牽制機能を確保することが大切である。さらに監査部を置くことも不可欠だ。リスク管理部門および各部署が適切にリスク管理プロセスを実施しているかを定期的にモニタリングし、経営陣に報告する役割を担う。

【事例研究】 ミドルオフィス

リスク管理部門という組織は、以前は「ミドルオフィス」と呼ばれることも多かった。これは、市場取引において、ディーリング等取引の執行部署が「フロントオフィス」で、事務を行うのが「バックオフィス」と呼ばれていて、その中間であることからの意味だ。

歴史的には、大和銀行事件でも問題となったが、まず、ディーリング部門が権限を超過して取引をしないようにするため、バックオフィスを独立させて、フロントオフィスと牽制関係をもたせることが、組織対応としてのリスク管理の出発点の１つだ。

その後、複雑なデリバティブがふえて、ディーラーの権限を決めるリスクの計測が必ずしも従来のバックオフィスでは容易ではなくなってきたことから、専門部署としてミドルオフィスの設置が要請されるようになってきた。

筆者も、90年代の初めの頃、このミドルの設置を行内で経営層に具申した。つまらないエピソードだが、会議で熱心に説明し理解が得られたと思ったところで、出された経営層からのコメントは「ミドルの重要性の認識は私も同感だ、ところで、ミドルは何歳くらいを指すのか」と。どうやら、「ミドルエイジ」と取り違えられたらしい。たしかにその頃、団塊世代がミドルエイジとなり処遇が問題になり出していたことは事実だが、悲しい思いをした。それほど、ミドルオフィスとかリスク管理部門の概念はまだメジャーではなかった。

いまでこそ、本文に記載したようなリスク管理部門の組織設置は当然のようにいわれるが、行内の経営においてどれだけ根付いているかは、リスク管理部門内部からもしっかり見極めが必要だ。単に、金融検査マニュアル対応で設置しているというようなことがないよう、経営がその意義を十分認識していることが大切だ。

■ 方針や規定の文書化

そして、本項で述べた各内容について、経営レベルで方針や規定として文書化し運営することがガバナンスとして求められる。また、決定に際しては、最重要なものは権限としてやはり取締役会での決議が必要であろう。冒頭の３つの理念の１つで述べたように、リスク管理方針や規定は企業全体のリスクアピタイトから決まるものであり、最重要なものの決定はガバナンスとして取締役会が果たす役割と考えられる。また、常に固定的なものではなく、会計年度ごとの見直しも必要であろう。

2　ケーススタディ

１の全体像の理解のため、まず、為替リスクを例にケーススタディを行い、ポイントを洗い出していきたい。

①　為替リスクはどのようなものか

論点は定義を明確にできるかである。為替リスクの場合は、為替レートが変動する結果、保有する外国通貨建てポジションの邦貨建て現在価値が変化するリスクとなろう。ここで、捕捉もれが起こりがちなのが、円投での海外法人への出資のポジションであり、③で述べるコントロールは、通常の為替ポジションとは別段かもしれないが、その大きさからも管理が必要であることをここで言い添えておきたい。

②　為替リスクはどのように計量化されるのか

ここでの論点は客観性や妥当性、さらに計測の実現可能性をどう確保するかである。為替リスクの場合は、過去の為替レートのデータを用い、また、統計的手法を用いて数量化するとなろう。ただし、正規分布等、分布に関するなんらかの仮定が必要であることは忘れてはならない。

③　為替リスクのコントロールはどのように行うのか

いくつか論点があり、どの程度までリスクを許容するか、許容限度までの管理はどうするのか、ヘッジ取引は必要か、などを整理することが要請される。まず、リスクをどこまで許容するかだが、為替リスクのために使える自己資本を明確にし、その範囲内（リスクリミット）にリスクを抑えることが基本となる。また、管理をどうするかは、リアルタイムでリスクを把握する体制とすることが動きの速い為替リスクの場合は重要だ。そして、ヘッジ（反対取引）を行うことが考えられるが、場合によってはコスト（あるいは逸失利益）となることとの関係で実施要否は判断されるべきであろう。したがって、許容範囲（たとえば、リスクリミットの80%や90%等にあらかじめ設定した警戒ラインの範囲内）にあるときは、ヘッジを要請するには明確な経営判断が必要といえる。

■ 有価証券リスクの特徴と計量化

次に有価証券を例にとると、そのリスクの特徴は、①有価証

図表1－5　ポートフォリオの時価推移とVaR

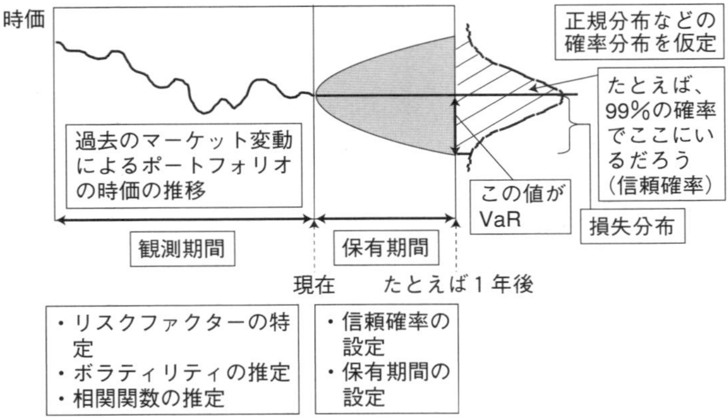

図表１－６　有価証券のリスクコントロールのフロー

リスクリミットの設定	自己資本：500億円 うち有価証券のリスク資本極度：60億円 （警戒ライン：60億円×80％＝48億円）	期初設定	↑	経営判断（経営課題への対応）
リスクの把握	《ステップ１》 ・投資対象となる有価証券の過去１年間の価格変動等を調べる。 ⇒標準偏差13％とする（価格変動等が正規分布に従っていると仮定） 《ステップ２》 ・投資有価証券（100億円）のVaRを算出する。 ⇒100億円×13％×2.33＝30億円 （99％の信頼確率での最大損失額は、2.33×標準偏差（→Ｐ11）） 《ステップ３》 ・10億円の含み損があれば、VaRにそれを勘案してリスク資本を算出。 ⇒30億円＋10億円（含み損）＝40億円	月次等の定期的な運用・経営陣への報告		
リスクの管理	（ケース１）　含み損が18億円（＋８億円）になるとリスク資本は48億円となり警戒ライン（48億円）に到達する。 （ケース２）　含み損の10億円が解消すると同額のリスク資本の余裕ができる。したがって、33億円の投資余力（※）が生まれる。 （※）　以下の算式で計算。 （投資額）×13％×2.33＝10億円 ⇒（投資額）＝33億円	（同上）		

券価格が変動する結果、損失が発生するリスクであること、②時価評価での管理が可能なこと、③短期間での値動きが大きいこと、④リスクを計量化し管理できることが多いこと、⑤反対売買を行う等により、リスクヘッジを行うことができること、などがある。計量化は、上記の為替リスクと同様で、商品が内

包する時価ベースでの価格変動リスクを、統計的手法を用いて数量化するものであり、算定結果は、VaR（バリュー・アット・リスク）と呼ばれる。具体的には図表1－5のようなモデルである。

次に、いかにリスクをコントロールするかについて示したのが図表1－6のフローだ。このような計量化と管理のプロセスは、20年近く前に導入されたものであるが、その基本はいまでもまったく変わっていないといって過言ではない。

3 金融機関での実践

(1) 金融機関のリスクカテゴリー

本項では、1の全体像を金融機関でいかに実践するかを詳細に解説する。まず、リスクを特定して対象とするリスクカテゴリーを明確にするわけだが、ここにおいて最も重要なのは、網羅性の確保でありそのために図表1－7に例示したようなマッピングを行うことが不可欠となる。

■ リスクカテゴリーごとの特性

特定されたリスクは、カテゴリーごとに、その特性を認識しそれに応じた管理方法を導入することが重要となる。そこでまず、計量化対象となる、市場リスク、信用リスク、オペレー

図表1－7　リスクのマッピング

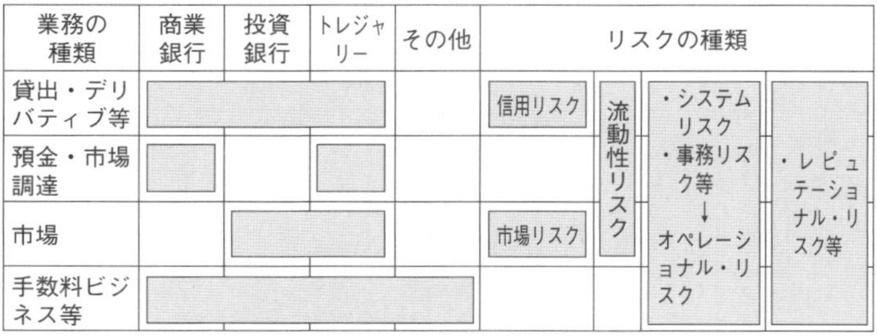

ショナル・リスクの特性だが、図表１－８のような頻度とインパクトをそれぞれもつことだ。

市場リスクは、アウトライトの取引の場合、損失になることが半分はあるともいえ、またそれはゼロから連続的にふえるものであり、高頻度で低インパクトという特性をもつ。

次に信用リスクだが、貸倒れ等が示現するのは、市場が反対方向に動くことに比して頻度は低い一方で、貸倒損失の額は元本そのものに及びうるものでありインパクトは比較的大きい。

さらに、オペリスクについては、滅多に示現しないが、信用リスクのように元本の範囲内という上限もなく、きわめて大きな損失となりうる。低頻度で高インパクトという特性だ。

もう少し詳しくこれらの計量対象である市場・信用・オペのそれぞれのリスクの特性と取組経緯について触れ、そのうえで「対象と損失の定義」を解説する。さらに、計量に必要な「保

図表１－８　リスクの特性

リスクカテゴリー	市場リスク	信用リスク	オペレーショナル・リスク
頻度	高	中	低
インパクト	低	中	高
損失分布 頻度↑ →損失額	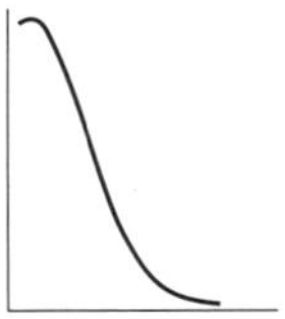	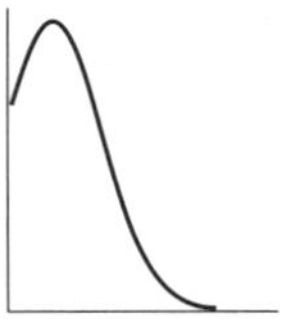	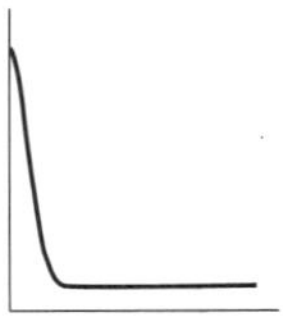

有期間」と、過去データとして採用する期間である「観測期間」、さらにはリスクをどこまでの最大値とするかの「信頼水準」の設定方法について述べる。これらは一見テクニカルであるが、1(2)で述べた、リスクをどの範囲で評価するか、という本質にかかわるところだ。また、計量対象でない流動性リスクと風評リスクについてもカテゴリーごとに管理の考え方を以下に解説する。

① 市場リスク

市場リスクは、2のケーススタディで触れたような、為替リスク、金利リスク、株価リスクなどからなるもので、また、取引特性により、トレーディング勘定とバンキング勘定（ALM）に分類される。

統合リスク管理のなかで、市場リスクが最も初めに手法が確立したリスクカテゴリーであり、計量化もここから始まってVaRの概念が構成された。現代風のリスク管理の起源ともいえる。

しかしながら、もともと、トレーダーによるポジション把握は、リスクがすぐに顕在化する市場リスクの性格上（2参照）、元本ベースに加えリスクベースでもなされており、そのため、VaRの計量化がいちばん初めになされたにもかかわらず、もしかしたら最も実務レベルでは形式的利用にとどまっているかもしれない。

市場リスク管理は、あらゆるリスクのなかで最も容易に計量できるが、最も形骸化しやすいといえよう。

・対象と損失の定義……市場リスクの対象には、トレーディング勘定とバンキング勘定の双方が含まれる。2で述べたように、円投での出資における為替リスクも対象となる。また、政策投資株式も市場リスクをもつものであるが、これについては保有目的の違いから別段管理が望まれ、後ほど(7)でまとめて扱うこととする。

それから、時価会計をとらない取引に関しては、リスク資本の算定において評価損益を加減することも忘れてはならない。その際、同額が資本直入されていれば、リスク資本極度設定の際にはこれを戻した自己資本を用いることになる。この点は、(6)のなかで配賦する自己資本として再度触れる。

・保有期間……現有している市場リスクをどの程度の期間があれば、反対取引や売却によりクローズできるかであり、バンキング（B）とトレーディング（T）で異なるのが一般的だ。たとえば、BとTのそれぞれの取引方針により、Bであれば数十日、Tであれば数日から10数日が考えられる。

また、市場リスクは、この保有期間にわたって順次減少させうることから、段階的クローズの概念を用いることもある。たとえば、その保有期間において、1日あたり同額ずつ減少するという考え方であり、市場リスクに特有である。

・観測期間……分散や相関係数といった統計上の指標を推計するための過去データ期間であり、市場リスクでは、最新の1

年程度が多い。直近の市場環境をできるだけ反映させるためでありただあまり短期だと統計に不向きとなることからこの程度の期間とされるわけだ。ただし、もっと以前にあった大きな市場変動については後述するストレステストのデータとして用いられる。

・信頼水準……高頻度・低インパクトであることから、99%程度とすることが多い。

② 信用リスク

信用リスクは、貸出先の破綻に伴って資金が回収できなくなるリスクであり、個々に審査により判定されてきた。また、格付を付与して倒産率を把握し与信判断がなされ、EL（期待損失）が引当との関連で把握されてきた。

一方、ポートフォリオのUL（非期待損失）が、市場リスクのVaRに当たるものであり、計量化対象となる。これをモデルで算定して管理することが信用リスク管理の大きな柱であり、ポーフォリオの業種の偏りや集中などがその算出において鍵となる。

このように、ULを把握することが、審査や格付付与とともに、信用リスク管理において重要であり、特に集中リスクの排除に本質的である。

また、信用リスクには、デリバティブのカウンターパーティリスク（C/Pリスク）があり、与信額が市場や参照する資産（クレジットデリバティブの場合）の状況により変動することが特徴だ。

・対象と損失の定義……信用リスクにおいては、対象となる損失を明確にするため、デフォルトの定義が必要となる。これを破綻懸念先以下ではなくバーゼルⅡと同様で要管理先以下とするのが1つの候補だ。そしてここでもバーゼルⅡと同様にEL－引当をリスク資本に算入するのが一般的だ。こうすることにより、財務的な損失と信用リスク資本が整合し、妥当性のある計量化が可能となる。

・保有期間……通常は1年を用いることが多い。信用リスクの大半を占める貸出は長期にわたるものであり、会計年度にあわせて1年とすることが妥当と考えられるからだ。

・観測期間……市場リスクよりも長めの観測期間とすることが多く、景気のワンサイクルとして5年とか7年が通常用いられる。

・信頼水準……信用リスクでは、市場リスクよりは低頻度であり、テールを捕まえる必要があることから、99%より高い水準のことも多い。しかしながら、銀行の大半のリスクが信用であることから、これを高めることはリスクテイクを抑制することになり、99%でも100年に1回レベルで捕捉されるものであることから自行のリスクアピタイトとして99%を選択することも十分考えうるものである。この点については、前述の1(3)を参照いただきたい。

③　オペリスク

オペレーショナル・リスクというカテゴリーが認識されるようになったのは、バーゼルⅡの検討が始まった1998年頃からであり、比較的最近だ。そして計量的取扱いについても、市場や信用よりも新しく、また、検討が始まった当初は相当困難だという評判であった。その後、2000年代の後半になって計量モデルの開発が進み、各国当局から、バーゼルⅡ上でこのモデルを採用するのに必要な「先進的計測手法の承認」を得る銀行が出るようになった（各国とも数行）。

そして、これまでは定性的な管理しかできなかった事故や不祥事といったオペリスクが計量的に把握されるようになると、より経営へのインパクトの高いところから事前に対策をとることが可能となり定量的管理の効果や威力が発揮される。ある意味で最も困難で遅く開発されたオペリスクの計量化が、実は信用や市場よりも、役立ってきているともいえるのではないか。

・対象と損失の定義……やはり、オペリスクについても、財務的な損失が対象となる。したがって、オペリスクの示現により、行政指導から一定の業務停止をした場合のうべかりし利益などは対象としないというのが一般的である。一方で、手数料を減免したような場合は、減免分はその対象とする必要がある。

・保有期間……通常は１年を用いることが多い。オペリスクには常にさらされていると考えて、会計年度にあわせて１年とすることが妥当と判断されるからだ。

・観測期間……これも信用リスク同様、景気のワンサイクルとして５年とか７年が通常用いられる。これは、事務管理規定のような業務フローが見直される期間ともおおむね整合する。

・信頼水準……オペリスクでは、市場や信用リスクよりは低頻度であり、テールを捕まえる必要があることから、99.9%とすることが通常であり妥当といえよう。

④　流動性リスク

流動性リスクは、支払義務を履行できないというかたちで示現すると金融機関の破綻のトリガーとなることから、決してこのようなかたちで示現させることのできないものであり、その管理方法は保守的にならざるをえない。

大きく管理方法は2つある。1つ目は運用と調達の期間ミスマッチを管理することとであり、オフバランス、特にコミットメントラインの引出しを対象に含めることが不可欠だ。また、2つ目は国債のような即流動化可能資産の残高を管理することだ。

さらに、流動性リスクは、自社が資金提供を受けることができるかのリスクであることから自社の格付に応じた管理が求められ、この格付別管理方針をあらかじめ定めておくことがポイントだ。そして、自社の格付が一定以下になると緊急時体制に移行してギアアップした管理が行えるようなフレームワークとしておく必要がある。

そして流動性リスク管理において特に重要なのが外貨資金繰りである。外貨については、他国の中央銀行の政策に当然従わざるをえないことに加え、本源的調達手段である個人預金が限定的で銀行間資金に頼って貸出業務を行うことが多い。そこで、自行の信用力が低下してくると、資金が取りにくくなり、また、Liborのような通常の市場レートに上乗せ金利が課せられるようになる。邦銀の場合、この上乗せは「ジャパンプレミアム」といわれ、90年代後半には150bpくらいまで上昇した。したがって、流動性リスク管理においては、このプレミアムが危険度の直接的な指標になるものであり、そのレベルにより緊急時体制への移行を定めておくことも必要である。

⑤　風評リスク

風評リスクについては、金融機関においてはその特性から、ほかのリスクに化けて実現することが多く、そのプロセスをあらかじめつかんでおくことが最も重要だ。特に流動性リスクへの影響が大切となる。逆にいえば、風評リスク管理は、それ自体で独立して行うのではなく、その他のリスクカテゴリーにおいてリスクが示現するトリガーと位置づけて行うのが適当であり、それが実施されているかを定期的に点検する仕掛けをもつことが肝要だ。

(2)　金融リスクの計量化

リスク計量化の定義は1(3)で述べたものが一般的であり、本書でも以下これを用いる。ここではこの定義のもとで、市場リスク、信用リスク、オペレーショナル・リスクのそれぞれの計量化手法（計量モデル）として代表的なものを図表1－9に紹介する。

図表１－９　リスクの計量化手法

リスクカテゴリー	要　因	計量化手法
市場リスク	市場変動(為 替、株価等)	・持高×変動の2.33×標準偏差（正規分布で99％の場合。相関も算入。ポートフォリオではヒストリカル法（注１）)
信用リスク	取引先の破綻	・全与信で倒産の可能性を格付推移からシミュレーションして損失額合計の信頼水準（99％またはそれ以上）での最大値を算出（モンテカルロ法、結果は倒産確率（デフォルト確率）の関数（注２）)
オペレーショナル・リスク	イベント発生	・事故シナリオの発生の可能性を過去の事故や取扱額からシミュレーションして損失額合計の99.9％の最大値を算出(モンテカルロ法、結果は簡単な関数で近似される（注３）)

（注１）　１商品の場合は、表のような簡単な算式で概念的に算出されるが、通常はポートフォリオに対してヒストリカル（シミュレーション）法を用いる。

（注２）　倒産確率の関数として各与信ごとへの分解が簡便的に可能である。これがバーゼルⅡのリスクウェイト曲線であり、信用リスクは与信額に図表１－10の曲線で定まるリスクウェイトの率を乗じ（これにデフォルト時損失率LGDを掛けて)、さらに所要資本率８％を乗じたものとなる。しかしながら、平均倒産率は同じでも遷移行列が変化（つまりボラティリティが変化）した場合や業種相関や与信間の相関などが変化すると当然信用リスクは変わる。バーゼルⅡでは、これを、事業法人やクレジットカードや住宅ローンなどに資産区分して、そのなかでは相関等のパラメータは固定して倒産確率だけの関数とした。ところが、当然ながら、相関等のパラメータは資産区分だけで決まるものではなく時間とともに変動する。したがって、バーゼルⅡのリスクウェイト曲線によりあたかも資産区分と倒産確率（つまり債務者格付）だけで信用リスク管理を行うと本来のリスクを捕捉できなくなる。これがリスク管理の綻びを生み、ひいては金融危機を招く一因となることは、第２章、第３章で紹介する

が、きわめて重要なポイントだ。ここでは、常にパラメータを見直してモンテカルロ法等のモデルで計量し、また、簡便的な図表1－10のグラフのような曲線を用いるとしてもその曲線の見直しが定期的に必要であることのみを強調しておく。

（注3）　オペリスクについても、信用リスク同様に、個別に実際に起こった損失額（内部損失データ）と個別の事象の損失可能性額（シナリオエクスポージャー）により、簡便的に分解して算定することが可能だ。たとえば、下の算式だ。

オペレーショナル・リスク＝αL＋βM

L：内部損失データ

M：シナリオエクスポージャー（100年に1回の損失額）

α、βはイベントタイプごとに決定

ただ、やはり、ここでも強調されなければならないのは、係数α、βは常に変動するものであり、モデルに算入するパラメータを定期的に更新してモンテカルロ法を適用し、それにより係数も見直しを行うことが必要だ（詳細は文献(1)）。

図表1－10　リスクウェイトの曲線

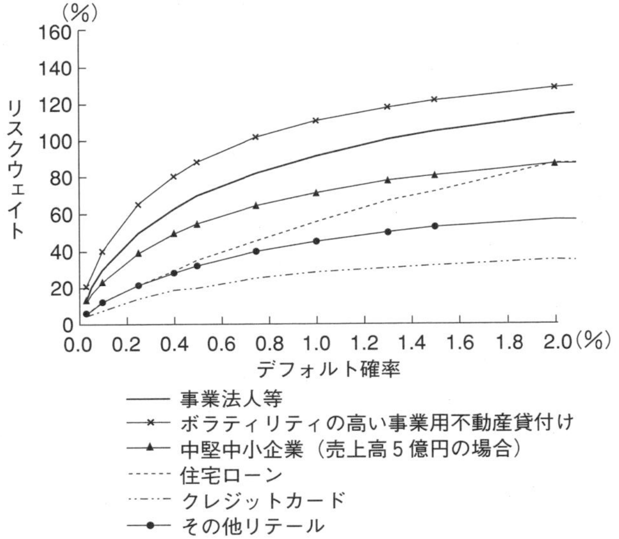

（出所）　文献(2)より

■ モンテカルロ法の実務上の留意点

リスクの計量化において、図表1－9のとおりモンテカルロ法を用いることが多いが、モンテカルロ法の算出結果をそのまま正式計数として用いる場合のきわめて実務的な留意点を述べる。モンテカルロ法は、乱数を擬似的に発生させてさまざまなケースをつくりだしてシミュレーションするわけだが、算定される結果はその発生された「乱数」に依存する。特に信頼水準を99.9%のように高くとると、算定結果が変動するようになる。そこで、まず、シミュレーション回数をふやしていくことで安定的な算定結果が得られることを検証する必要がある。また、算定結果の変動がたとえば1%未満で許容範囲内となり安定的であることが確かめられたとしても、やはり、そのなかでは変動しうる。そこで、一意的に算定結果を得るため、乱数の擬似発生のためのパラメータ（シード等）を固定することが一法であり、そのための恣意性を排除したルールをあらかじめ定めておくことが求められよう。一見下らないが、実運用に入ってからの混乱を避けるために実務的に重要な準備であるといえる。

(3) リスクコントロールとリスク資本極度

自己資本をベースとするリスクコントロールの枠組みについて紹介する。(2)で述べたように、信用リスク、市場リスク、オペリスクをリスク資本として計量化し、このリスク資本をあらかじめ定められたリスク資本極度の範囲内に管理してリスクコントロールをする方法である。

①　想定最大シナリオと資本賦課（リスク資本極度の設定）

リスク資本極度は、各リスクカテゴリーと全体で設定されるものだ。まず、各リスクカテゴリーのリスク資本極度の設定方法は、業務遂行に際しての最悪シナリオを想定しその際に計測されるリスク資本（ストレステスト結果）を極度とし、これに自己資本を割り当てる。したがって、リスク資本極度は資本配賦額であり、健全性確保の切り札となるものだ。ただ、最悪シナリオが適切に設定されないようであれば、この枠組みはすべて画餅に帰するものであり、ストレステストの有効性確保をいかに図るかが最大のポイントとなる。これについては、第4章で詳述する。

各リスクカテゴリーごとに、想定最大シナリオについてもう少し詳しく触れてみる。

・市場リスク……金利、為替、株の変動について、過去データから最悪値を想定する。たとえば、直近の1～3年間からとるというのが一案だ。そして、ポジションについては、業務計画のベースとなっているものを用いるのが一般的であろう。

・信用リスク……倒産率（PD）もしくは格付遷移行列やデフォルト時損失率（LGD）について過去データから最悪値を想定することになり、やはり、直近の3年とか5年でとることになろう。また、ポートフォリオは市場リスクの際と同様に業務計画策定の基となっているものを用いる。

・オペリスク……期中に発生することが想定される事象を織り込んで算定する。ただし、オペリスクの極度管理は、信用リスクや市場リスクとは性格が異なる。というのは、信用や市場リスクは、本来の金融の業務として計画をしてテイクし利益をねらうものだが、オペリスクは、業務遂行において付随的に発生するのだ。したがって、オペリスクは利益との関係でぎりぎりまでとったりするものではなく、極度もどちらかというと結果として想定していた範囲内かをみるための基準値という性格となる。つまり、超過時対応規定等がハードリミット（必ずこの範囲内に抑えるリミット）のようにはならず、管理方法は、リスク削減計画に沿っての対応が進んでいるかのチェックが中心となる。

最後に、全体のリスク資本極度は、自己資本の範囲内で設定されるものである。ただ範囲内というのはどの程度か、言い換えれば、どの程度余裕を残すかは、全社的なリスクアピタイトで決まるものだが、特に重要なのは地震等への備えにいくら残すかであり、第4章で解説する。

②　極度の管理

リスク資本極度はとりうるリスク資本の最大値であり、このなかで管理されるわけだが、リスクカテゴリー別と会社全体でこれを遵守するため、さらに細かい単位で各種極度を設定して管理が行われる。具体的には、市場リスクでは、ポジション極度や評価損限度の設定であり、ALMの運用としてこれも第4章で例示する。

■ 超過配分と全体リスク資本管理

さて、各リスクカテゴリーのリスク資本極度の合計額が全体リスク資本極度とならなければならないか、であるが、必ずしもその必要はない。というのは、たとえば、市場リスクが極度一杯のときに信用リスクも極度ぎりぎりとなることがきわめて起こりにくいと考えられる場合には超過配分が可能となるからだ。特に、金利リスクを主体とする市場リスクと信用リスクは、逆方向に動く傾向がある。

超過配分をするに際しての要件であるが、まず、相場変動等に伴う市場リスク資本の変動と、倒産確率PDの変動等に伴う信用リスク資本の変動のさまざまな組合せ（マトリクス）のなかで、どのような場合に同じ方向に動いて全体極度に達するかを試算する。そのうえで、保有する、あるいは業務計画上で実現予定の事業ポートフォリオの信用リスクと市場リスク（金利リスク）の組合せに対して、当該年度で想定される状況変化のもとでは、十分に耐えうる、つまり、全体リスク資本極度の範囲内となるということの検証が要件となる。

ただ、それでも信用リスクと市場リスクが同時に悪化すると、全体極度に近づきうるわけで、もう１つの要件は、全体リスク資本極度に対する全社緊急対応ライン管理だ。各リスク資本極度に余裕があっても全体でふくらむ可能性があり、たとえば95％のところにこのラインを置く。

そして全社緊急対応ラインは経営レベル・取締役会レベルで監督する仕掛けとすることが不可欠である。超過配分を行うという経営判断は、各リスクごとの管理ではなく全体をみる必要をつくりだす。つまり、経営自らでリスク管理を行うことを要請するものである。超過配分は、有効に自己資本が使えてリスクテイクが可能となる一方で、経営に求められるリスク管理はきわめて重要となる。

■ リスクカテゴリー間での相関による削減

次に、信用リスク資本、市場リスク資本、オペリスク資本から全体リスク資本を、実績ベースで算定するに際して、単純合計ではなく相関あるいは分散効果を勘案して算定することについて考察する。各リスクカテゴリーのなかでは、たとえば市場リスクのなかでは、金利と株の逆相関を織り込むことは一般的である。これは、相関が比較的安定して得られるからであり、また、同じリスクカテゴリー内では組織として２つのファクターの動きを同時にみて運用することが可能というのも理由づけとなる。

ところが、リスクカテゴリーをまたぐ場合は、その相関係数の安定性は大きくないことが多く、もし、織り込んだとすると相関係数の変動に伴い、全体リスク資本実績が大きく変化してコントロールがむずかしくなる。そもそも、市場リスクと信用リスクでは、計測される頻度がたとえば日次と月次というように異なり、相関の観測がむずかしい。そして、運用でもリスクカテゴリーをまたいでの管理を常時するのも現実的ではない。

このような事情から、信用リスク資本、市場リスク資本、オペリスク資本から全体リスク資本を、実績ベースで算定するに際しては、相関を織り込まず単純合計とするのが通例ではないか。そして、もし相関を採用するなら、上記のような課題に答えることが要請されることを強調しておきたい。

(4) ストレステストの実施（機動的シナリオ）

期中においてどんなシナリオが考えられるかを想定し、その場合の損益やリスク資本を把握して対応するストレステストの実施について解説する。リスク資本極度の前提となる想定最大シナリオによるものもストレステストの一例だが、これは、通常、期初に資本賦課のために実施されるものだ。一方、期中において、さまざまな経済環境を想定して機動的なシナリオ設定でストレステストを行うことも不可欠である。

では、①どのようにして機動的なシナリオを導出し特定するのか、また、②そのシナリオが示現する場合の損益やリスク資本への影響の算定方法としてどんなものがあるか、さらに、③算出結果をどういう経営指標で表現するか、④算出結果に対する対応規定内容はどんなものか、の４点について以下にまとめる。

① 機動的シナリオの導出・特定

ストレステストのねらいがさまざまな経済環境を想定して影響を把握し対応することにあるので、そのシナリオの導出には、まず、可能性を網羅していることが１点目のポイントとなる。

さらに、そのうえで、経営上重要なシナリオをいつくか特定することが２点目のポイントとなる。このプロセスは、月次等の定例で経営レベルにて行い、ストレステストを形骸化させないことが肝要である。では、どのようにして経営上重要なシナリオを特定するかだが、文字どおり経営判断となるが、そこに事後検証の仕組みを置くということが重要だ。

経営会議を構成する役員は、担当する部門に係るシナリオを定期的に１つ以上特定するのだが、これが十分かどうかは事後的に検証を受けることになる。ここで、十分性を追求して甚大なシナリオとすると、②～④で述べるが、影響度が大きく算出されて事業を縮小する対応を強いられる。一方、そうなることを回避するため緩めのシナリオを特定すると、そのシナリオを超える事態が実際に発生した場合に事後検証で抵触することになる。したがって、シナリオの特定においては自部門で適正レベルを見定めることが必要となる。

さらに経営トップが、１つまたは複数の部門にストレスシナリオを指示するというのも、シナリオ特定の１つのかたちである。いずれにせよ、ストレスシナリオを特定するという行為は、１の冒頭で述べた統合リスク理念の３つ目である、リスクアペタイトを明確にした経営とリスク管理に通底する考え方からくるものだ。

【事例研究】 ストレスシナリオの例

ある金融機関に3部門あるとして、それぞれの部門で、現環境のもとで機動的シナリオとして特定されたストレスシナリオの例をあげてみる。

・国内営業部門……「国会での予算審議が進まず、被災企業の救済が事実上止まって破綻企業が急増するシナリオ」

・海外営業部門……「ギリシャ国債がデフォルトして欧州経済がダメージを受けるシナリオ」

・市場営業部門……「電力各社の格付が低下して債券市場が混乱するシナリオ」

② 影響度算定手法

次に、シナリオが特定されたもとでの、そのシナリオが示現した際の損失やリスク資本を算出して影響度を算定する手法について述べる。2通りあり、1つは、シンプルに、算定に必要な全変数を推計することだ。その場合、各市場レートから個々のデフォルト率の変化等に至るまで推計することが必要になる。

そこでもう1つの算定方法は、少数の代理変数を用いるものだ。たとえば、長短金利、日経平均、実質成長率の変数により、過去データで、損失やリスク資本を回帰分析する。そして、シナリオ実現時のこれらの代理変数を推計してこれを回帰分析結果に当てはめるという方法だ。もちろん、誤差はあろうが、代理変数が適切であれば相当威力をもつものであり、有効な手法である。

③ 影響度の表現方法

さて、②の方法で影響度を損失額やリスク資本の変化で算定するわけだが、最終的なストレステストの算定結果はどう表現されるべきか。基本的な考え方は、やはり経営指標で表すべきであり、(i)最終損益や(ii)自己資本比率、の変化であろう。また、リスク管理上の(iii)リスク資本実績の変化でみることも重要だ。

つまり、その結果から、資産の圧縮や損益計画の改定、さらに増資などの、直接のアクションに結びつくもので表現されることが不可欠であり、これは、ストレステストの目的が影響を「知る」ことではなく対応を「する」ことにあるからだ。

④ 対応規定

最後に②③の算定結果に対する対応規定について解説する。①で特定されたシナリオに対する②③の算定結果に対して、あらかじめ限度を定め、またそれを超過したときのルールを定めておくことが何より重要だ。限度を超過しているとか、警戒ラインに近づいている場合にどうするかであり、原則は「事業の縮小を要請する」規定とすることだ。

ただし、この一連のストレステストによるリスク管理は、(3)で詳述した枠組み同様に、人災の罠に陥りやすい。最悪なのは、事業縮小などの対応を意図的に回避するため、シナリオがあたかも「現実的でない」としてすり替えてしまうことであり、その点は、第4章で詳しく述べたい。

【事例研究】 ストレステスト実施例

金融機関におけるストレステストの実施例を簡単に示してみる。

まずリスク管理部門が導出したシナリオをベースに、3部門の担当役員がそれぞれの部門で、現環境のもとで機動的シナリオを特定する。ここでは上記の事例研究の3つのシナリオとなったとする。

［影響度］

・各々の部門で特定されたシナリオが示現した時の影響度を、コアTier 1（現状7.5%）と全体リスク資本極度使用率（現状80%）で算定する。

・その結果が以下：

	コアTier 1	全体リスク資本極度使用率
国内営業部門のシナリオ示現時	7.5%→6.5%	80%→90%
海外営業部門のシナリオ示現時	7.5%→6%	80%→95%
市場営業部門のシナリオ示現時	7.5%→4%	80%→115%

［対応］

・あらかじめ定められていた規定

「シナリオ示現時にコアTier 1が3.5%を下回る、又は、全体リスク資本極度の使用率が110%を超える場合は、事業の縮小等の対応策を経営会議に付議する」

・影響度の算定結果から、この規定に沿って以下の対応策を経営会議に付議して承認を得る。

「市場営業部門では、特定したストレスシナリオが規定に抵触することから、格付が低下することにより影響を受ける証券やファンドの売却を進め、同シナリオが示現してもコアTier 1の低下を6%まで、全体リスク資本極度使用率の上昇が100%までとなるようにする。ただし、これにより同部門の収益計画は3割削減」

・あわせて、あらかじめリスク管理部門が導出していたシナリオのうちで上記3シナリオではないものが実現しなかったかをモニターする。

この実施例からもわかるとおり、ストレステストは、特定したシナリオに対して備えが不十分なら痛みを伴うものであり、また、特定が十分かをモニターされるものである。

■ ストレステストの目的の再確認

ストレステストという言葉が金融でも相当用いられている

が、その意味するところは必ずしも自明ではない。そこで、ストレステストについて一通り解説を終えたこの段階で、いま一度、そもそもの目的を再確認したい。

リスク資本極度の概念を用いた統合リスク管理は、自己資本をベースに健全性と収益性についてバランスのポイントを決めること、といえるだろう。そのなかで、ストレステストだが、これは、個々のシナリオに沿って自社のリスクアピタイトを決めること、といえるのではないか。経営として想定するシナリオを置き、それに対しては影響を把握して対策をとる。逆にいえば、それを超えるシナリオに対しては、もはや対策が不十分という認識のもとで業務執行をすることになるわけで、自社のリスクアピタイトをどこに置くかを明確にすることにほかならない。

したがって、対策もしないような（つまり上記④の対応規定もないような）シナリオを机上で想像してもこれはストレステストではない。繰り返すが、ストレステストは、影響を「知る」のではなく、対応を「する」のが目的だ。やみくもに無理なシナリオを書いて計算だけしてリスク管理部門の自己満足となっていないか、もう一度、ストレステストの目的を再確認されることを願う。

(5) 新規事業へのリスク管理規定

おそらく、進んだリスク管理体制をもつ金融機関も、ここで紹介する新規事業へのリスク管理規定を十分に備えているところは例外的ではないか。新商品のテクニカルな開始ルールはもっていたとしても、経営上の最重要な判断である新規事業の取得や開始に際して、直接、リスク管理部門が関与する体制には抵抗が大きいためと想像される。

では、新規事業に対するリスク管理規定だが、その内容は以下の3つだ。

① 対　象

経営会議・取締役会にて決議が必要な新規事業を対象とする。

② 策　定

(i)当該新規事業のリスクを洗い出して評価し、事業の収益やコスト、必要資本等の事業計画に係る「参入判定基準」を策定する。(ii)さらに、業務開始後、どの程度のリスクを許容し、さらに将来のリスクがどの程度まで高まれば中断するかの「Exit基準」を策定する。ただし、この「参入判定基準」や「Exit基準」を、どのような新規業務にも共通するようにあらかじめこの規定のなかで具体的に定めておくことは、かえって硬直的な経営となる。それぞれの新規業務の特性に応じて案件ごとに策定されるべきであり、規定ではその策定の必要性のみを定めておくということがポイントである。

③ 付　議

リスクに係る上記事項の策定内容を新規事業の開始前に経営会議・取締役会に付議する。

新規事業へのリスク管理の仕掛けをもち規定化して運用する

ことは、リスクをふまえた経営判断のためには最も基本であり、ここにリスク管理の真髄がある。しかし、新規事業の参入という大きな経営判断において、リスク管理は2次的になりやすく、なかなかこのような「新規事業に対するリスク管理規定」は制定できていないのが現実ではないか。

【事例研究】 新規事業の「参入判定基準」と「Exit基準」の策定

消費者ローン専門会社を買収するケース

［策定に際しての検討ポイント］

① 審査モデルの妥当性

② 金利設定モデルの制定（法定上限金利の範囲内で可能か）

③ 法規制の改正の可能性

④ 想定マーケットが存在（総量規制のもとで）

⑤ 自己資本から演繹される全取扱額

⑥ 過払利息返還の今後の推移とバーゼルⅡのオペリスク対応

→これらをふまえて「参入判定基準」や「Exit基準」を策定する

特に、消費者ローンにおいては、②の法定上限金利の範囲内でのビジネスモデルが可能かを常時検証し、どうなればExitするかの基準の策定が重要だ。経済環境により、貸倒率が高まると法定上限金利を超えないと採算がとれない場合にどこまで耐えるかの基準であり、金利の上限が経済と関係なく法律で決まってしまっている市場で無理な延命をして損失を拡大させないための出口戦略をあらかじめ決めることだ。また⑥は、既存の消費者ローン会社を事業継承する場合の最大の検討ポイントであり、そのなかでも、バーゼルⅡのオペリスク所管資本の見極めは避けられない課題だ。

(6) バーゼルⅡと内部リスク管理のダブルスタンダード対応

さて、市場・信用・オペの各リスクは、計量対象リスクであるとともに、バーゼルⅡでも資本賦課の対象でもある。そして、バーゼルⅡにおいても、リスクを計量的に把握してリスクアセット換算する仕掛けであり、計量的な扱いは類似している。

ところが、バーゼルⅡは、規制としてグローバルに共通の算出方法を採用したことから、個別の金融機関内部の算出方法とは異なるものとなる。したがって、ある意味でダブルスタンダード（二重管理）を強いたり、また、無理矢理、内部のリスク管理をバーゼルⅡにあわせるとリスクの実態が把握できなくなる。もう少し詳しく各リスクカテゴリーごとに以下でみる。

① 市場リスク

まず、バーゼルⅡでは、最低所要資本が求められるのはトレーディングに限定され、バンキングはアウトライア規制のみでありある意味で自己資本規制の対象外となった。この点に関する問題は第2章で詳しく紹介するが、わが国の経済と財政に大きな影響をもつこととなる。いずれにせよ、内部のリスク資本管理では、バーゼルⅡとは扱いが異なるが、バンキング勘定までを対象とするべきであることをここでは強調しておく（この際、時価会計でない取引は評価損益も算入してリスク資本管理を行うべきであることは前述(1)のとおり）。

一方、計量の方法については、市場リスクに対しては、バーゼル規制においても計量モデルの使用が認められており、通常、内部の計量化と整合した扱いが可能だ。

② 信用リスク

行内のリスク資本の算定において、本書で紹介したようにデフォルトの定義を要管理先以下としEL－引当をリスク資本に算入すると、バーゼルⅡとも整合した管理が可能となる。一方で破綻懸念先以下をデフォルトの定義とすると簡易ではあるがバーゼルⅡと整合せず、さらに、ある与信が破綻懸念先以下となると信用リスク資本が減少するというわかりにくい現象となる。

一方、計量モデルの使用だが、バーゼルⅡはこれを認めていない。しかしながら、バーゼルⅡのリスクウェイト曲線は、図表1－9（注2）のようにボラティリティや相関といったパラメータが変動しているときに適切ではない計量結果を導くことから、二重管理となるといえど、モデルを使用しさらにパラメータを定期的に更新することが内部のリスク資本管理では大切だ。

③　オペリスク

最後に計量化が発展したこともあり、バーゼルⅡと内部のリスク資本算出が一致していることが多く、本書で紹介している手法も双方に使えるものだ。

■ 信頼水準と国内基準行

全社のリスクの大宗を占める信用リスクの信頼水準の設定は大きな影響をもつ。前述のように99%から99.9%のような信頼水準が考えられるが、バーゼルⅡでは99.9%でリスクウェイト曲線が生成されている。そこで、内部のリスク資本算出においても整合させるべく99.9%を用いた場合、資本が少ない国内基準の銀行にとっては、使用率（リスク資本実績÷自己資本）が大きく出る可能性がある。したがって、国内水準行においては、高い信頼水準で計算された資本を具備するため自己資本を厚くするか、あるいは、信頼水準をバーゼルⅡより低い99%として多くに資産形成を可能とするかは、きわめて大きな経営判断といえよう。

■ 配賦する自己資本とバーゼルⅡ、Ⅲ

ここまで、リスク資本極度の設定の基となる自己資本について、特に定義をしてこなかった。自己資本規制と整合的ということでは、バーゼルⅡのもとでは、Tier 1とすることが通常であった（なお、(1)で述べたとおり、市場リスク資本の対象について評価損額が資本直入されていれば、リスク資本極度設定の際にはこれを戻したTier 1を用いることになる）。Tier 2は、預金よりも劣後する資金として預金保険の支払を軽減するために具備されているという考えから、リスクへの見合いの資本とはされなかった。さらに、きたるバーゼルⅢでは、Tier 1のなかでも普通株と内部留保をコアTier 1として、リスクへの備えとしてこれの充実を求める方向だ。では、行内のリスク資本極度もこのコアTier 1から配賦すべきかについては、十分な議論が必要であろう。

■ 二重管理か整合重視か

これまで述べてきたように、バーゼルⅡと行内のリスク資本管理は整合したほうが、運営は容易だが、あえて二重管理を検討すべき項目がある。もう一度レビューすると、①市場リスクのバンキングは行内では含める、②信用リスクはモデルで計量し相関等のパラメータは定期更新する、③信用リスクの信頼水準は自行の方針により99%も使用する、があろう。これらに関しては、規制と内部管理の二重管理はやむをえないであろう。逆に、規制と内部管理を一致させていくと、リスク管理の形式化が進み、第2章で詳述するようなさまざまな綻びが生じることをここで言及しておきたい。

(7) 政策投資株の扱い

ここまで、銀行の大きなウェイトを占める資産ながら、その特殊性からあえて言及してこなかったのが、政策投資株であり、ここで、統合リスク管理上の扱いをまとめて解説する。

① リスクカテゴリー

上場株がほとんどであり、それは価格変動リスクを負うことから市場リスクカテゴリーとすることに問題はなかろう。ただし、バーゼルⅡにおいては、信用リスクとしてとらえることが通常であり、二重管理はここでも生じる。

② 計 量 化

市場リスクの計量モデルが通常用いられ、信頼水準も共通の99%が多い。しかしながら、最も重要なのは、保有期間をバンキングのように市場でクローズできる数十日ではなく、長期保有する性格であることから信用リスクと同様の1年とすることが要請される。

③ 別 管 理

政策株は市場リスクではあるが、トレーディングやバンキングのような運用が可能ではなく、他の要因で保有せざるをえない性格がある。したがって、市場リスクのカテゴリーのなかではなく、独立したカテゴリーとしてリスク資本極度を設定することが求められる。つまり、各カテゴリーごとのリスク資本極度は、市場、信用、オペ、政策株の4つとするのが一般的といえる。

■ 政策株売却と流動性リスク

さて、最後に現実問題として、優良企業との政策株の持合いと資金流動性の関係について少し触れる。このような優良企業は銀行にとり大口預金者であることが多い。その場合、銀行の流動性リスクを緩和する方向に持合いが働き、銀行経営が苦しくなった際に、安定的な預金となることが筆者の経験でも少なからずあった。これは、政策株の持合いの１つの効果として現実の経営においては存在する。逆にいえば政策株の解消は大口預金の安定性を下げる可能性があり流動性リスクへ悪影響があることをここで言及しておきたい。

4 リスク管理の総合的運用

(1) 組織とガバナンス

リスク管理が機能するためには、これまで述べてきた項目が適切に実践できるような組織とガバナンスとなっていることが重要だ。問題の本質を実務に沿って考えるため、本項では事例研究を置いて解説をしていきたい。

【事例研究】 リスク管理部門の組織

Ａ銀行では、さまざまな新商品開発を得意とする銀行であり、リスク管理を担当する部署としては「市場リスク管理部」「信用リスク管理部」「オペリスク管理部」の３部を設置して頭取の直轄下に置き、３部では専門性を高めて管理をしていた。組織・ガバナンスの問題はどこにあるか。

［解説］

① 脱サイロ化の要請

横串でリスクをみる組織が必要で、たとえば、３部長からなる統合リスク管理委員会、または、統合リスク管理部を設置する。そしてこの組織は、あらゆるリスクについてどの部署も関与しないということが起きないように全体を俯瞰し所管の調整を行う責務を負う。さらに、３つの各リスク管理部へのリソース配分について責任を負う。個々のサイロのなかだけで最適化がなされて全体でバランスを欠くということのないようにする役割をもつことになる。

② 網羅性の確保

特に、①の組織は、３つのリスク管理部でカバーしきれないリスクがある場合には自らで所管して、リスク管理の網羅性を確保する役割も担う。

上記の事例研究からもわかるとおり、リスク管理部門の責任は、あるリスクカテゴリーに対してあるのではなく、あくまで、経営に重大な影響を与えるリスク全般にある。また、影響の出方は、ステーク・ホルダーによって異なるものであり、経営はこれらに応えられるような仕掛けを構築するべきである。

(2) 経営管理・財務管理

ここでは、経営管理・財務管理とリスク管理のあり方について考察する。特に、新規投資と出口の問題は重要であり、事例で取り上げる。

【事例研究】 リスク管理部門の新規事業への対応

Ｂ銀行では、積極的に新規業務リスクをとる経営者のもと、経営管理部門は、さまざまな投資案件をもち、また案件の性格から関係者を絞り込み、リスク管理部門を含む他部門とは情報を共有することなく経営判断を仰ぐ体制としている。一方、リスク管理部門は、これの新規業務が執行された後、リスクに対してきわめて慎重な意見を述べるがたいていの場合はリスク管理部門の考えはいれられずに終わる。ただ意見を述べて警鐘を鳴らしたことで責任を果たしたと考えているが、どこに問題があるだろうか。

［解説］

① リスクアピタイトの明確化

Ｂ銀行として、どこまでのリスクはとり、どこから先のリスクを回避するのかという「リスクアピタイト」が経営判断されないかたちとなっているか、少なくともリスク管理部門と共有されていない。また、リスク管理上、案件がうまくいかなくなった場合に、どこまで受け入れるかが結局決まっておらず傷口をかえって大きくする可能性がある。案件の経営判断と同時にリスク管理部門からの付議によりリスクアピタイトを明確にすることが重要である。

② 「Exit基準」の制定

そして、①で明確にしたリスクアピタイトのもとで、出口を決めるトリガーを「Exit基準」として明文化する。えてして、トップの判断で参入した事業は聖域となって悪くなってもずるずるいきがちなところを、明文化された「Exit基準」で冷静に判断できるようにすることがポイントとなる。

1で述べたように、何が何でもリスク管理は強化すればよいというのでは適切な判断を導けない。経営戦略との整合性を確保することがリスク管理の実効性を確保するためにきわめて重要である。しかしながら、この一体性の確保がリスク管理において実は最難関な課題の1つでもある。まずは、上記事例研究で述べたように、新規事業においてリスクをどれだけとるかのアピタイトを全社レベルで共有することが出発点であり、鍵を握るのではないだろうか。

(3) 連結グループ会社対応（持株会社でのストレステスト）

その重要性にもかかわらず、これまであまり言及してこなかったリスク管理の連結対応について取り上げたい。(1)の組織や(2)の経営管理とも密接に関連するものではあるが、これだけを、事例のかたちで独立して論じて、連結対応の要点を解説したい。

【事例研究】　連結対応体制の整備構築

C銀行では、連結グループ会社を100社以上抱え、また、リスク管理の原則は連結ベースという認識から、これらのグループ会社へのリスク管理体制の整備・構築の計画を立てることとした。基本方針として大小さまざまなグループ会社の間に差をつけないよう、一斉に5年間の期間をかける実施計画とし、また、これらのグループ会社の負担をなくすため、親銀行の役職員が直接これらの会社に赴き親銀行と同じ手法と体制を一律で構築することにしたが、問題はあるか。

［解説］

① 重要性の原則の導入

一斉に5年かけて体制整備するというのでは、かえってリスクの高い重要なグループ会社に対して、整備を不必要に遅らせてしまうことも考えられる。重要性の原則を導入し、リスクが高いと想定されるところから先に整備されるような実施計画とすべきである。重要性の判定基準として、信用リスクであれば資産額、オペリスクであれば収益が考えられ、バーゼルⅡでの親銀行に対する2％基準が1つの目安となろう。

② 業務特性に応じたリスク管理

親銀行と同じ手法・体制を一律で構築するのは、オーバースペックとなったり、あるいは、その子会社に特有のものを逃がしたりしがちである。業務特性に応じて対応するほうが実効性があり、たとえば、オペリスクに関しては銀行と同じ計量化手法を採用するが、市場取引や貸金がほとんどなく市場リスクと信用リスクは簡便的な方法を用いる子会社もありうる。

③　リスク管理のネットワーク整備

また、親銀行の役職員だけでやるのではなく、子会社のリスク管理担当部署や担当者を任命して、そのネットワークで整備し、さらに、構築後にもこのネットワークで運用することが大切である。その場合、生い立ちの違うグループ会社では特に経営層の関与がきわめて重要となる。

金融機関のリスク管理において、連結対応というのは、筆者の経験では、構築においても運用においても、親銀行への対応と変わらないくらいの負荷がかかるという印象だ。どうしても、後回しとなりがちだが、連結対応は、金融機関の多様化が進み、子会社でさまざまなビジネスを展開していくなかで、きわめて重要であり、相当のリソースも要することから適切な経営の方針のもとでの遂行が不可欠である。

なお、本書では詳しく述べることはないが、持株会社構成をとる場合も、グループ全体としてのリスク管理の経営方針を明定することが重要である。

特に、３の実践のなかでは、⑷のストレステストはグループとして実施することが、なかなか困難さを伴うが、１つのシナリオに対してグループ全体でどんな影響があり、どんな対応が必要か認識するためにも、今後のグループ経営、グループリスク管理において最大のポイントとなろう。

⑷　金融規制・当局検査への対応

自己資本規制をはじめとする金融規制や検査への対応と、リスク管理の関係について触れたい。

【事例研究】　検査準備

Ｄ銀行では、当局検査の前になると、リスク管理部門は２、３カ月間、通常業務をやめ、それまでのリスク管理上の対応を記した文書の作成に最大限の努力を払い、検査準備に経営資源を傾けているが、問題があるか。

［解説］

①　検査・規制頼みからの脱却

検査に対して協力的であることは当然だ。しかしながら、リスク管理が検査において指摘を受けないための事後対応に終始していないかを経営はよくみる必要がある。検査においては、どうしてもそれまでの事態に対するリスク管理上の対応に焦点があてられる。つまり、どうしても事後対応の適切さだけが検査対象になりがちであるが、それのみでリスク管理が完結するわけはない。そして、検査対応や規制対応さえしていれば経営は安心となってはならない。

②　プロアクティブ対応の要請

上記①のように検査や規制に適合するだけがリスク管理の目的ではない。経営がリスク管理部門に対して、その観点から形式に堕していないかを監督し、さらに事態が起こる前に行動をとる（プロアクティブ対応する）よう要請することが重要だ。

検査のためのリスク管理となる罠から回避することがきわめて重要である。また、金融規制についても同じことがあり、たとえば自己資本規制に対応することが、自社の資本がリスク管理上適正かをみることと同一になっていないか。これらの点については、当局の検査方針やバーゼル規制の変遷にも課題が潜んでおりこの点については第2章であらためて解説をすることにする。

ところで、少しわき道にそれるが、「ビス（BIS）ビュー」と「フェッド（FED）ビュー」というのを読者はご存知だろうか。通常は金融政策のアプローチの違いで使われるが、金融監督においてもアナロジーで考えられる。FEDビューは、物事は起こってみないとわからないが起こったところで適切に運営できる体制はあらかじめつくっておくというものだ。一方でBISビューは、物事が起こってからでは遅いので確実に起こるかどうかわからない段階でも可能性が出てくれば事前対応しようというものだ。インフレ対応等の金融政策でこの2つのアプローチが分かれることで有名だ。金融監督でも両方ありうるが、いずれにせよ、経営としては、検査に頼るだけではリスク管理が形式に堕することを肝に銘じておくべきだ。

⑸　人材育成、社内コミュニケーション

リスク管理においては、人材育成がきわめて重要であるのはいうまでもない。しかしながら、そのあり方は簡単ではない。また、リスク管理のためには、リスク管理部門自体の人材の育成のみならず、行員全体の人材育成が大切であり、社内コミュニケーションの形成がリスクをコントロールする際のベースである。

【事例研究】　リスク管理の人材

Ｅ銀行では、リスク管理の専門性の向上のため、一部の人材を新入行員のときからリスク管理部門に配属させて、長期間この部門のなかで育てる仕組みとしている。一方、他の行員は通常のローテーションでの育成としており、リスク管理部門は他からみると断然高い専門性をもってリスク管理上の指示を出すかたちとなるが、問題はどこにあるか。

［解説］

①　ジェネラリスト信仰と専門信仰

リスク管理には、専門的性格もあり、人材にある種の専門性が要求されるのは事実だ。しかしながら、リスク管理の対象はあくまで金融機関の業務でありそれと切り離して考えることはできない。専門信仰により、業務全般を知ら

なくてもよいということに陥ってはならない。一方で、リスク管理部門以外の役職員も自らの業務についてはいちばん自身が知悉しているはずでそのリスクを専門的に把握管理することが重要だ。ジェネラリスト信仰が、専門知識を学ばなくていいという理屈づけとなってはならない。

② コミュニケーションの表層化阻止

有効なリスク管理のために社内コミュニケーションが大切なことはいうまでもない。ただ、これを声高に叫んでもそれだけではコミュニケーションの表層化は避けられない。理解を共有するためには、上記のジェネラリスト信仰と専門信仰のギャップをなくすことであり、全社的ローテーションは伝統的な方法であるが重要性を失っていない。

リスク管理は役職員全員が行ってはじめて実効性をもつものであり、リスク管理部門の専門性だけで先導できるのではない。この点はリスク管理の運用においていくら強調してもしすぎることのない点である。

■ リスク管理方針・規定の文書化

ここで、1(4)で述べたリスク管理の方針や規定を文書化することの重要性について触れたい。文書化というのは、単に記録をするということにとどまるものではない。いまさら、大上段にかまえて「立法の意義」を述べるつもりはないが、法というのは決められたことを単に文書にしたというだけではない。リスク管理の文書化についても同様だ。リスク管理に関する全社的な企業統治や役職員の組織における行動指針が過不足なく表現されるべきものであろう。法と同様、役職員はリスク管理の文書を知らないというのはいかなる場合も理由にならない。しかしながら現実の運用においては、担当部署はリスク管理の方針や規定の文書を社内で周知徹底することがきわめて重要であり、リスク管理に関しての社内コミュニケーションの第一歩となる。また、文書化は、次世代に向けての全社的な人材育成の基礎をなすものであり、その点でも意義は計り知れない。

実務的には、リスク管理の方針や規定の文書について、①取締役会・経営会議・担当役員・担当部長等の階層に応じた改廃権限、②周知徹底の仕組み、③改廃の頻度、を定めて運用されることが不可欠であることを最後に申し添える。

(6) 検証ポイント

金融リスク管理の運用に際しては、しっかりした検証が不可欠であり、第１章のまとめの内容にもなるもので、そのポイントを以下に記す。

① 網 羅 性

リスクがすべて洗い出せているか。少なくとも年に１回以上、定期的に検証が必要なポイントであり、リスク管理の方針の付議において、特定されたリスクを明記することが要請される。

② 正 確 性

各リスクに対する計量化手法は正確か、バックテスト等の検証体制はできているか。モデルの検証は、その導入時に行うとともに定期的に実施することが重要である。もう少し詳しくこれらについて触れてみる。

まず、導入時においては、モデルがどういう前提のもとで構築されていて、前提が変わるとどういう特性をもつかをあらかじめ調査しておく。そのために、さまざまなインプットでどんな動きをするかをシミュレーションしてモデル誤差の範囲を見定めることとなる。

次に、定期的なモデル検証だがこれはバックテストがおもな内容であり、上記のモデル誤差の推計と関係づけた超過時乗数を設定することがポイントとなる。ただ、オペリスク等では信頼水準を99.9%等の高めにするため、バックテストを有効にするためにはより低い信頼水準と組み合わせるなどの工夫が必要となる。詳細は本書の内容を超えるもので、文献(1)を参照していただきたい。

③ 適 時 性

リスクを定例かつ適時に把握できるか。報告が遅滞なくなされているかは特に重要である。日次報告の場合に、1日遅れ等が散見されるようだと体制の見直しが不可避であろう。どこかに人的あるいはシステム的に無理があるわけでいくら高度な手法を誇っていても無意味だ。

そもそも、定例報告を規定化しているのは、大きなリスクが示現してたとえば極度に近づいたり超過したりした場合に、その事態を直ちに経営に報告するためだ。どうしても悪い事態は、ルールがなければ、報告が遅れがちであり解決してから報告しようと考えがちだ。それが、単に内部の体制不備のため報告遅滞が常態化していたとすると緊急時になんの役にも立たないことになる。

④ 収益性

とったリスクに対してリターンの管理ができるか。特に、新規業務における、「参入判定基準」や「Exit基準」が機能しているか。せっかくこのような基準を稼働させるための規定をつくっていても、新規業務の定義等にあいまいさを残していて捕捉もれが起こることがよくある。リスク管理部門は、このような場合には規定の改定を図ることが必要であり形式に堕してはならない。

また、とったリスクに対するリターン管理という本来の目的についても、リスク管理部門はある業務が聖域のようになっていないか勇気をもって検証すべきであろう。

⑤ 経営性

経営者が十分に関与しているか。特に、事業ポートフォリオのリスクを横断的に経営として俯瞰できているか。これは、経営者自らの問題といえばそれまでだが、ここがいちばん大切でありいちばんの本質かもしれない。「預金等受入金融機関に係る検査マニュアル」にも、リスク管理に対する経営者の関与については、相当のページ数を割いて要請されているが、表面的な点検に流れがちである。上記①～④とは性格の異なる検証ポイントであり、その金融機関におけるリスク管理の水準とこの経営の関与度は同義だといってもいいすぎでないかもしれない。

現代を読み解く鍵①

臨界点の財政赤字と金融円滑化法

本書のテーマである金融機関のリスク管理を考えるには、やはり、経済への基本的理解が不可欠である。筆者はエコノミストからは程遠いが、それでもリスク管理実務を遂行するに際していかなる経済への見方があるかを紹介するため、いくつかのトピックを選んで第１章から第４章の各章の終わりにコラムを置いた。そこには経済のトピック以外に、リスク管理手法のベースとなる計量的扱いに関連したトピックのコラムも含まれる。

経済に関連するものは文系向きであり、また、後者の計量に関するものは理系的だが、双方とも軽い読み物であり、タイトルのとおり「現代を読み解く鍵」として読者の少しでも参考になればと思う。

まず、本コラムでは、現在の経済の諸問題のなかでも際立って重要な財政赤字と金融問題に目を向ける。

本書を執筆している2011年の夏時点の世界経済をみると、日本、米国、欧州、亜（含む中国）の４極ともに大きな問題を抱えており、このうちどこに最も大きなリスクがありどんな対策が望まれるかの議論は尽きないであろう。そのうえ、それぞれがもつ不幸は関連しながらも異なっていて容易に話が通じない。でも世の中は進んでいく。あたかも、４カ国マージャンの様相であり、会話は成立していないがゲームは続いている、といえそうだ。

そのなかで、日本、米国、欧州に共通しているのは財政問題であろう。特に日本は、債務残高が900兆円と、GDPの２倍にもなる。同じ比率が米やドイツが90％前後であることからもわが国の突出がわかる。そして、国債の95％が国内で保有されている。銀行等の金融機関の国債保有が650兆円を超える。このように国内でほぼ完結する資金の流れは、欧米とは異なる構造であり、わが国においては、国家財政と金融が完全に１つの輪になっている。

民間からの資本やリスクマネーが乏しく、財政による景気刺激が長年にわたり行われてきた結果だ。ある意味でわが国の経済が、資本投入型というより、労働投入型経済といえるものであり政府による雇用創出に依存してきた。

そして、邦銀にとり、国債保有は、超低金利の金融政策が長く続くなか、銀行にとっても安定収益源となり、財政赤字で国債の消化を期待する国との間で相互依存関係（もたれ合い）ができてくるわけだ。これは、他国に振り回されないということで一見よさそうだが、実は、示現こそしていないが、日本の金融と財政の共振リスクは際立って大きくなっている。

国も銀行も、耐え切れなくなるまではとりあえず大変居心地がいい構造だ。では、いつ問題が表面化するのか。耐性はどこまであるか。経常黒字が日本の貯蓄を引き上げ、それが銀行預金となって国債に還流する間は気づかない。ただ、このまま日本経済が低迷し競争力を失ってしまうことになればこの資金の流れが止まる。この時点で、一気に政府と金融機関の間で、そして、国家全体で資金が回らなくなる。

2011年夏の段階は、震災の影響を受けて赤字となっていた貿易収支も、赤字幅が６月には５月の６分の１の1,328億円にまで縮小しており、耐性がなくなる瞬間ではない。しかしながら、逼迫した問題として多くの関係者や専門家により盛んに議論されている項目を２択問題で列挙してみたい。

① 増税か減税か（消費税率の引上げ、法人税率の引下げの議論等）

② 円高か円安か（震災後も続く円高基調をどうみるか）

③ 介入か市場か（あるべきレートへの誘導か市場に委ねるか）

④ 規制強化か自由化か（自由化が基本の世の中で金融のみ規制強化か）

⑤ 金融政策は引き続き緩和か（新興国への資金フローの弊害をどうみるか）

⑥ 低金利か高金利か（低金利が脆弱な企業を延命させていないか）

⑦ デフレかインフレか（名目成長は実質を牽引するか）

⑧ 開国するか鎖国か（国の総合的競争力は備わったか）

⑨ 金融円滑化法は再延長かどうか

いずれも回答を迫られているものばかりだが、実は答えが出ていないことに気づく。そのなかで少し異色の⑨について触れてみたい。2009年３月に施行された金融円滑化法に基づき、全国の金融機関で2011年３月末までに、合計約48兆円が返済条件の緩和に応じている。全国で貸金の総額が400兆円を切ることからその大きさがわかる。もちろん、これらがすべて不良債権ではないが、その予備軍が相当あるのも事実だろう。

これも、財政赤字と同様に、経済が回復しないなかでの一種の「先食い」といえる現象である。本来ならば返済されなければならないところを、時間軸で猶予している。そして、その資金源は、国債と同様、やはり預金といえるわけだ。もし、国に余裕があれば公的融資となっていたポーションを立法で迂回させているともいえる。

また、債務とエクイティの交換（デットエクイティスワップ）という取引があるが、これが2000年代の初頭において、ある意味で類似の先送りスキームとして、おおいに活用された。債務者にとっては、返済の必要のないエクイティになることから、大きく負担が軽減され、また銀行にとっても不良債権としての処理をしなくてすむ。ところが、これは見方を変えると競争力を失いある意味で退場するべき事業を延命されることになり、経済全体として体力を消耗することにもなりうる。2010年代になっても経済が活性化されない遠因の１つであろう。本文中にも述べたが、商業銀行には貸し手としての社会的責任があるわけだが、融資をExitしないままとすると規制やリスク管理規定に抵触することから、このようなDES取引や前述の法的手当（円滑化）が導入されたとも考えられる。いずれにせよ事態が改善しないままの状態が続いているのである。

もちろん、こういった「先送り」の対応には、事態が改善するまでの時間的猶予を提供するという意義がある。リスク管理においても、本章で解説した「Exit基準」に抵触した際に、直ちに事業の中止やあるいは貸金の回収をすると、かえって事態を悪化させることから、Exitをあえてしないという判断をすることがある。しかし、この判断をするためには２つの条件があることを忘れてはならない。まず、時間を与えれば改善する可能性が高いこと、もう１つは、自らの健全性が確保されていることである。第２章の２(1)では、融資について90年代に不良債権処理が進まなかった邦銀の状況について言及するが、財政を含めここでいくつか紹介した対応は、この２つの条件を満たしているだろうか。「頑張りどころ」での期限の確保ではなく、「先食い」して「つけを先送り」しただけになってはいないか。

では、財政を含め日本経済の失敗から何を学びどう変革していけばいいのであろうか。エコノミストは判で押したように「今こそ成長戦略を」と主張し、国に提言をする。しかし、これには「老人の情熱のように実現力がない（トクヴィル）」のが通常だ。もしかしたら、国民が心のなかで無意識に望んでいるのは、無理して「成長」することよりも、「持続の保証」かもしれない。

そもそも、「経済が低迷するのも国が悪い、そして解決を国に頼る」という構図が続いてはいないか。国に甘えることで逃げているのではないか。それでは資本主義が根付かないままではないか。

次の第２章では、特に金融システムの基本構造をこういった日本経済の特性から浮かび上がらせて、リスク管理としてどういう問題があるかを論じたい。

第2章 金融規制とリスク管理実務の変遷

―この20年間の発展と綻びが見え隠れしたリスク管理とは―

1　日本の金融システムの基本構造

本項では、筆者が長らく携わってきたリスク管理の実務から、日本の金融システムの基本的構造を洗い出すことを試みる。リスク管理を点検し再構築するに際してのベースの理解となるものであり、欧米の主要金融機関との相違についても、日本経済や国民の行動特性とも関連づけながら分析する。これまで欧米の背中をみて金融ビジネスモデルやリスク管理を構築してきたとすると、今後はわが国の特性に合致した方向を検討するための、ある意味で、予備的調査と位置づけられる項である（なお第２章の１、３、４には、筆者が文献(4)に発表した内容の解説が含まれる）。

(1)　リスク集中の構造

日本経済における資金の流れの特徴をみると、まず資金は預金と貸金としていったん、銀行に集まる。誤解を恐れずに表現すると、邦銀は日本経済全体を自らのバランスシートに記帳しているといえるのではないか。わが国では、資金の保有者は、流動性リスクをとることを好まない。常に引き出せる状態であることを望む傾向にある。さらに元本割れするようなリスクも嗜好しない。したがって、資金はまず預金となって銀行に記帳される。図表２－１からも、本邦においては、米国等と比較し

図表2－1　家計等の金融資産の構成比（日・米・独）

〈日本（2009年3月末）〉

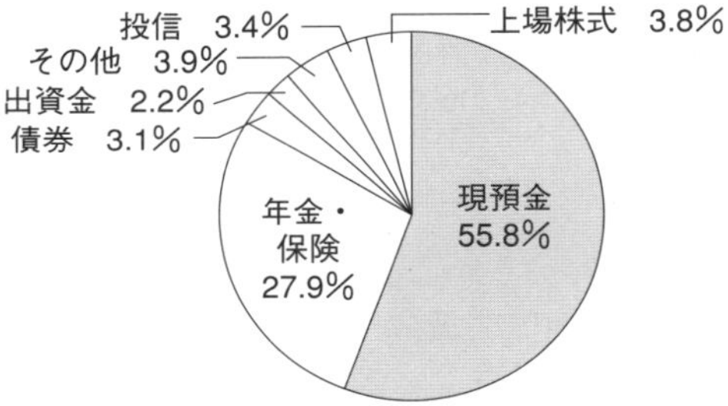

〈米国（2008年12月末）〉

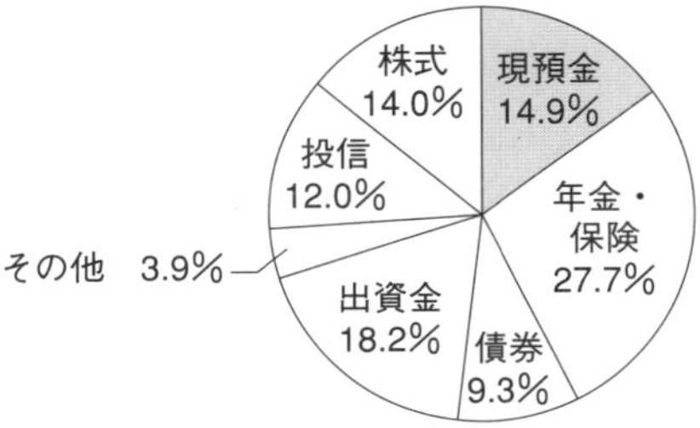

〈ドイツ（2008年12月末）〉

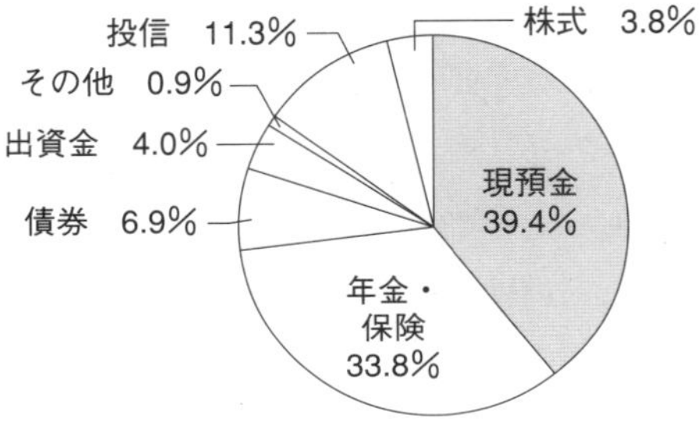

（出所）　金融庁資料（＊）より

（＊）　金融審議会金融分科会基本問題懇談会（2009年）での資料。以下本書において「金融庁資料」はこれを指す。

て、家計等の金融資産のうち、預金の占める割合が高いのがみてとれる。

その結果、わが国では信用リスクや流動性リスクは、銀行に集中することになる。つまり日本の金融システムの基本構造の１つは、銀行へのリスク集中といえるのではないか。

■ 国債への資金還流の傾向

では、邦銀のリスクの最近の傾向だが、バブルが崩壊して以降のこの20年間、国債にどんどん傾斜してきているといえる。新規に信用リスクや流動性リスクをとって信用供与をするのではなく、資金をそのまま国債に還流させる傾向にある。結果として、日本が諸外国比で大幅な財政赤字であるのを支えているのは、日本が誇る貯蓄率によるものといえる。しかしながら、国債に資金が集まる現象が顕著になって、リスク資産に資金が還流しなくなると、いわゆるナローバンク化が進むことになる。事実、国債への資金の流れをみると金融機関が断然多く、逆に金融機関からみると預金量が増加しているにもかかわらず、資金が貸出へと流れづらくなる構造が顕在化してきている。2000年に、それまで預金を上回っていた貸出が460兆円くらいまで落ちてついに預金と同額となり、その後、預金は2009年には500兆円を超すが、貸出は減り続け、400兆円をきるところまで低迷している。

■ 金融工学の発達とリスク分散の罠

一方、欧米において発展してきた市場型金融についてここで振り返る。その最大の特徴は、投資家がいて、直接、間接にかかわらず、信用リスクや流動性リスクのテイカーになることだ。投資家は、銀行に比べ、ずっと多様であることから、伝統的商業銀行業務に比べ、市場型金融は、リスクが分散される。金融工学の言葉でいうと分散効果により、甚大な影響を受ける損失が発生しにくくなるわけで、市場型金融はリスク管理上、優れたビジネスモデルとされた。

しかし、その結論を導くために、金融工学は、市場は完全で独立性をもつということを前提とするわけだが、今次金融危機で明らかなように、この前提は必ずしも成立せず、分散されていたはずのリスクが金融システム全体のなかで連鎖することが起こりうる。このあたりは、第3章で詳しく論じるが、ここではそのポイントに触れることにする。

■ リスクの連鎖と長い取引チェーン

今次金融危機の原因の1つとして、この連鎖のリスクを、投資家・格付機関・金融機関が十分把握しなかったことがあり、いまなお、このリスクが適切に把握されていないのではないか。また、さらに、連鎖リスクを致命的に大きくしたのは過剰なまでの流動性の供給である。本邦におけるバブル崩壊後の量的緩和や米国におけるITバブル崩壊後の金融政策により、市場型金融において鍵を握る資金調達がきわめて容易になり、信用リスクの長短スプレッドを稼ぐ機会を容易に造出できるようになる。その結果、きわめて複雑で長いチェーンの取引パスが形成され、連鎖リスクが拡大する。

もともと、金融において、取引のチェーンは存在した。たとえば、個別の株式や債券を金融機関はそのまま投資家に販売するのみならず、これらを組み合わせてファンドとして商品化する。これにより、投資家はリスク分散が進み、また金融機関も手数料収入が増加するということがある。ところが、投資家は必ずしもファンドの中身のリスクを十分に把握せず、なかに含まれる債券がたとえばデフォルトした場合、大きな混乱となることがある。

このように、短いチェーンでも、単独の証券よりリスクが拡大しやすいことがあり、特に含まれる債券の発行体が大口優良先でかつ突然破綻した場合に顕著だ。もちろん、今次金融危機におけるチェーンははるかに長く複雑であり、直前までの金融機関が享受した利益も大きかったであろうがリスクの急拡大も比較にならないものである。

欧米各国ではビッグバン後、市場型金融への移行を進めた。特にここ数年の市場型金融の著しい伸張はリスクを分散させたかのようにみえたがその実、巨大な連鎖リスクを生み出し、それが起爆すると瞬く間に危機となったわけだ。では、市場型金融へ傾斜することなく伝統的金融が中心の本邦はどうであったか、次の(2)で述べたい。

⑵　脆弱な信用供与構造

リーマン破綻後の金融危機が世界を覆うなか、直接関与の少なかった本邦経済にも大きな影響が及んだ。なぜこうなったかを、金融の面から概観してみると、金融危機による景気の悪化により、邦銀においては、間接的にバランスシートにたまっているリスクが顕在化をしはじめる。リスクが銀行に集中するがゆえ、いったん、経済が傾くと、銀行に損失が蓄積し、その結果、銀行は信用供与の余力がなくなり、さらに、経済に悪影響をもたらすというスパイラルを引き起こすという事態となる。そして、これに追い討ちをかけることになるのだが、金融危機の再発防止との理由から自己資本規制の強化が世界的に進められ、この規制の影響を受ける商業銀行の信用供与が、直接の金融危機の原因でなかったにもかかわらず、最も抑制を余儀なくされることとなった。

この規制に関する点は、3⑴⑵で詳論するが、邦銀は、世界経済や金融システムから逃れられず、実体経済との「スパイラル（循環）リスク」がきわめて大きいといえる。そしてその結果、信用供与の回復力がきわめて脆弱な構造にあるわけだ。

図式的にいえば、市場型金融は、「リスク分散」がなされるが金融機関の間の「連鎖リスク」を生み出し、一方、伝統的金融は、「リスク集中」があり実体経済とのかかわりで「スパイラル（循環）リスク」を引き起こす。連鎖リスクやスパイラル（循環）リスクのメカニズムついては、第3章で詳論するが、まず、ここでは、もう少し日本経済の関係について考察する。

■ 日本経済の長期低迷

日本経済は、過去20年間で、二度の景気後退とデフレ現象を経験している。一度は、自らのバブル崩壊によるもので、多額の不良債権を生み出し、公的資金注入を余儀なくされた。もう１回は、今次金融危機によるもので、欧米発ではあるが、結果的には、欧米同様に市場は低迷している。

この二度の両方に共通するのは、経済の後退において、①円高問題が大きく立ちはだかること、②少子化のもと内需が低迷し、さらに、③銀行を中心にクレジットコストや株安による持合い株の評価損等でのバランスシートの悪化があり、また、④その結果、銀行資本の減少による信用供与力の低下で経済の回復を遅らせる、という構造である。

GDP成長率と為替相場の同期についてはしばしば観察されるが、①②のような、内需低迷や為替の問題は、本書のスコープをはるかに超えるものであり別の研究に委ねるとすると、景気後退に関し残された問題は、③④のやはり邦銀の基本構造に関連するものといえそうであり、事実、邦銀の貸出は減少傾向にあり、脆弱な信用供与構造が露呈しているが、ここでは、１点だけ言及したい。

■ 邦銀の特性とリスクマネー

銀行についてよくいわれるのは、晴れの日には傘を貸してくれるのに、雨になると傘を取り上げる、というものだ。銀行というのは、本当に困ると助けてくれなくなるというのであり、評判はよくない。銀行側の言い分は、返済が滞る貸出がふえれば、最終的に預金者保護ができない、というものだろう。

しかしながら、銀行の役割を考えた場合、雨が降っても必要資金を供給する力を維持することが基本でありそれができないなら存在価値はない。晴れの日に、雨の場合に備えて傘をつくるのが役割だろう。そして、このような銀行の貸出資金は、投機資金とはまったく異なり、経済の成長や再建のためのものであり、ある意味で雨の降ることも想定しての資金であることから「リスクマネー」と呼ばれることが多い。そして、第１章の１(1)の最後に述べたように、商業銀行は、自らのリスク管理により融資の実行や回収を行うなかで、その行為全体において貸し手としての社会的責任を負う。

さて、わが国において、何が金融に期待されているかだが、現在、金融立国を指向しているとはとても思えない。もともと、日本の産業構造は物づくりへの傾斜があり、20年前のバブルの崩壊後も、金融が強くなることへの反発がある。あえていえば、わが国が金融に求めるのは、(4)でも分析するが、公共性であるといえるのではないか。

こんななか、邦銀は「リスクマネー」をとらないわけではないが、自らのリスク管理に基づく判断よりは、当局からの要請により社会性を果たすという格好で信用供与を続けることが多い。公的資金注入後の中小企業比率についての健全化計画や、

2009年12月に成立した「金融円滑化法」はきわめて特徴的であるといえる。銀行経営者は自らの判断で「リスクマネー」を創出することに慎重となっており、脆弱な信用供与構造となっているのではないか。

(3) 低収益性の構造

伝統的金融と市場型金融を、収益構造からみると、市場型金融は、多様な投資家のニーズに応えるための商品付加価値があり、長い取引のチェーンにおいて間に介在する業者も多く高収益である。一方、伝統的金融は、その反対であり、低利鞘で、シャドーバンキングが入り込む余地は少なく、準公共財として低利調達が可能な預金網をもつ商業銀行に限定される。そこでは、人件費等も低く報酬問題もあまり顕著ではない。要するに低採算ビジネスである。

図表2－2からもわかるとおり、本邦の金融は、単位資産当りの利鞘がたとえば米国の2分の1から3分の1であるが、一方、コストもその程度である。これは、言い換えると、邦銀は低収益であるが、人件費等も小さく、結局、金融セクターとしての経済効果が小さいわけだ。もちろん、それがアプリオリに否定も肯定もされるわけではない。

市場型金融のほうがより多くの利益をセクター内にもたらすとして、経済活動のなかにおけるその付加価値はなんであろうか。多く報酬を正当化するものは何か。よくいわれるのは金融市場を効率化させて資金の移動を円滑化させるというもので、

図表2－2　大手銀行の収益（日・米・独）

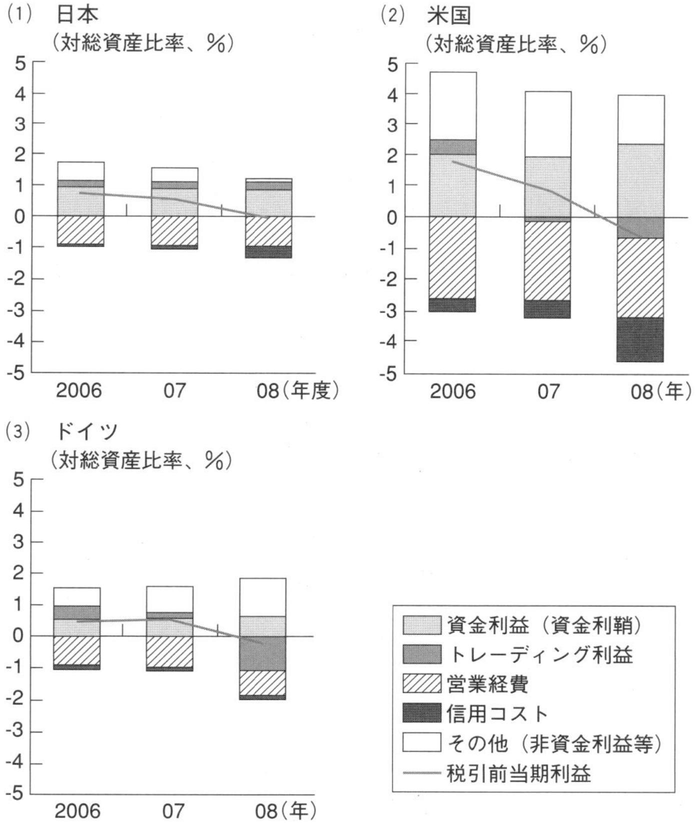

（注）　日本、米国、ドイツの計数は、それぞれ以下の3グループの合計で算出。

日本：三菱UFJFG、みずほFG、三井住友FG

米国：シティ、バンクオブアメリカ、JPモルガン

ドイツ：ドイチェバンク、ヒポフェラインスバンク、コメルツバンク

（出所）　金融庁資料より

トレーダーの存在価値となる。リスク管理の言葉でいえば、市場流動性リスクを制御する役割を担っている。しかしながら、無反省にこれが是認されないのは、市場型金融が利益を求めて行き過ぎるとあるとき自ら市場流動性を維持できなくなり、金融危機となるからだ。つまり、この市場型金融をできるだけ拡大して収益をねらうということが、必ずしも是というわけではない。

ただ、ここで強調しておきたいのは、本書でこれから述べていくが、本邦の金融が伝統的金融にとどまり低収益であるにもかかわらず、グローバルな金融と経済のもとでは、同じ競争にさらされており、規制も共通だということだ。ここに、現在の特徴があり問題がある。

(4) 希薄株主権と公共性傾斜の構造

次に、邦銀における資本の問題とコーポレート・ガバナンスの特徴を論じてみる。通常、銀行では、現在のように預金のほうが貸出より多いような状況では、資本がなくても資金は流れ、貸出は可能である。一般企業のように投資において資金としての資本が必要というわけではない。ただし、銀行業を継続するためには、貸倒れ等の損失を吸収する必要があり、銀行の破綻を防ぐための財務的な備えが資本ということになる（ゴーイング・コンサーン）。また、銀行には破綻時にできるだけ預金者を保護するということが求められ、そのために劣後債等を一定割合もつわけで、これが自己資本規制におけるTier 2 資本の意義である（ゴーン・コンサーン）。

邦銀では、政策投資株というかたちで取引先の株をもち、逆にそこが邦銀の株式を保有するという、いわゆる持合い構造が形成される。その結果、議決権を行使する資本市場に本質的な株主への責任が限定的となり、必然的に脆弱なガバナンスとなる。

つまり、ステーク・ホルダーとしての株主権よる抑止が働きにくい構造にあり、これが邦銀経営において、ROEの向上といった収益性への意識が希薄となる要因となっているのではないか。そして、これらからみえてくるのは、安定的ではあるが、成長性への意識が比較的希薄となることだ。また、⑵でみてきたように、借り手に対する社会的責任についても放棄はしないが受動的であり、結局、最大のステーク・ホルダーはというと、これは当局となっているのではないか。

■ 社会的役割の特徴と公共性傾斜の構造

このように、邦銀経営において、当局の存在がきわめて大きくなっており、歴史的にも、護送船団方式のもと箸の上げ下ろしまで監督を受けてきており、経営者は当局を最重要視するようになった。その結果、どのようなことがもたらされるかについて考察してみる。

まず、⑵のとおり、当局からの要請により社会性を果たすという格好で信用供与を続ける。結局、脆弱な信用供与の構造となることだ。

そして、(3)のとおり、今次金融危機で問題視されたようなリスクテイクを行うことはないが、一方で、低採算のセクターであることにとどまる。市場型金融にシフトして収益性をあげることより、伝統的な取引を得意とする。

こんななか、わが国においては、銀行に対して、世界的にもまれなほどの利便性が要求される。たとえば、手数料を取らないATMが片時でも停止すると社会問題視される国民性であり、当局指導もこの面で特筆される厳しさだ。

その結果、邦銀のビジネスはこれまで述べてきたように、公共性を重視する商業銀行業務にとどまる。これは、先進国のなかでも際立った特徴だ。本邦においても、制度上、金融自由化が進められ、市場型金融への移行が促されてきた事実はある。しかしながら、東京市場では、市場型金融で収益をあげたのは邦銀ではなく外資系金融機関だったのも、邦銀が当局を最重要視し公共性に傾斜したことからの必然かもしれない。

■ 当局対応傾斜とガバナンス

さらに邦銀のガバナンスについて触れる。邦銀経営の１つの特徴に、市場に対する開示に消極的なことがあげられるが、これも、議決権を行使する株主が少ないことと直接関係することであり、経営を閉鎖的にしていると考えられる。また、第１章で解説した計量的なリスク管理についても、邦銀は自らの経営判断として実施するというよりは、こういった手法をベースにするバーゼルⅡという規制への対応という側面が強かったのではないか。結果的に、邦銀におけるリスク管理部門は、重要性が相対的に低く、発言力がない。邦銀においては、自らの経営判断のための体制づくりよりも、当局指導による規制対応に、より多くの経営資源を割く、ということが基本構造として浮かび上がる。

【事例研究】「株主と家主」

日本の資本主義を家主と株主をキーワードに考察してみたい。資本と土地所有の違いはなんであろう。資本家と資産家の違いはなんであろう。

むずかしい話ではない。家主というのは、家賃が滞りなく支払われ、建物が原状どおり戻ってくればそれ以上はない。その限りにおいて、ある意味で借り手が何をしようと関心がない。そもそもその賃料は経済状態や周囲の開発により決まるものであり、借り手の努力はまず関係がないし、家主は借り手に「こうしろ、ああしろ」とはいえない。

一方、株主はその資本を使う会社に対して、価値が高まるよう、あるいは配当が増加するように取締役会に求めることができ、その実現を最重要視する。

もちろん、家主と借り手の間には市場があり、それは資本主義の原理が生まれて株主が活動するよりずっと以前からある。資本主義の原理と市場の原理は別ものだ。

わが国には、商品市場も江戸以前から存在しており市場の原理は根付いているであろう。ところが、資本主義の原理はどうであろうか。株主は会社価値が高まるよう、権利を行使しているであろうか。単に家主にとどまっていないか。経済が発展して利益を得る株主はいるが、会社価値を高めて利益をねらう株主はいかほどいるであろうか。

キャピタルゲインをねらって育てるということでは、米国では大リーグ選手をたとえば10億円というような球団間でのプライスで獲得し、さらにその選手が活躍すると30億円で別の球団に移籍させて20億円のキャピタルゲインをとることもある。いかにも資本主義の国の取引である。

わが国では、違法な仕手戦で値を吊り上げるというのはあったかもしれないが、利益とリスクをみて事業を育てるという株主はいたであろうか。資本の概念がなお未熟であり、持合いの中心にある金融セクターがその最たるものかもしれない。

2 経営とリスク管理

本項と次の3、4では、この失われた20年のリスク管理の変遷を述べる。これまでのリスク管理のどこに問題がありどういう綻びが生じてきたかを解説し、第3章以降において今後のリスク管理の再構築を論じるための課題の洗出しを行う。まず、本項では特に経営とのかかわりで観察される事項を扱う。そして、3では、BIS規制の関連から、4ではその他の規制監督の観点から、リスク管理と銀行規制の綻びについて解説する。項目は合計で10を超えるが、実務的にいずれもきわめて重要で、警鐘を鳴らすものだ。

これらは、さらに掘り下げると、リスク管理と経営や規制・監督がこれまで抱えてきた問題の根がいっそう明確になろう。残念ながらここでは、紙面の関係で、俯瞰する程度にとどめざるをえないが、それでも、問題の所在はおわかりいただけると信じる。

(1) 安全神話と不良債権の内在化

かつての邦銀において、「不良債権なんか存在しない」、とよくいわれた。というのは、銀行が融資をするに際しては、しっかりした審査をし、それで認可となれば、貸出先がどんなに苦しくても最後まで面倒をみて再建するからだ、という理屈だ。

銀行がいったん貸出をすれば最後まで潰さないのだから、債権は不良化することはないというわけだ。

これは明らかな誤りだ。第1章の最後の「現代を読み解く鍵①」でも述べたように、まず、1点目は当然ながらいつまでも再建の可能性のないものが含まれることだ。そしてもう1点が自らの健全性についてである。後者については、かつての銀行には自分自身に安全神話があり決して破綻をしないのだから、貸し手を最後まで支えることができるというように考えた。

しかし、元利の払いが滞る可能性がある際にたとえば追貸しをして救済するのは、単に不良債権の内在化にすぎない。

そして、銀行自体が自分の健全性のため、すべてのリスクを吸収しきれなくなった時、これは瞬く間に崩壊する。そして、単に内在化していただけの不良債権は、あっという間に元利払いが滞ることになる。

こういった現象は、安全神話という誤った経営判断のもとで生まれたリスク管理の綻びであり、20年前のバブル崩壊後に邦銀で起こったときは致命的だった。内在化してなかなか不良債権として処理されず、マグマを溜め込むことにつながったわけで、10兆円以上の公的資金注入と経済の低迷をつくる、日本の金融危機の元がここにある。

(2) 融資の業務推進とスコアリングモデルのゆがみ

次に、スコアリングモデルなり格付モデルのゆがみと経営の問題を述べる。90年代後半になり、融資先のバラエティが拡大し件数も増加する一方、融資担当者の能力にばらつきが生じてくるなか、統計に基づくスコアリングモデルなり格付モデルが導入されるようになる。

ところが、ここに2つの問題が発生する。まず、想像されていたが、不正がたくさん起こるようになる。正しくないバランスシートをもってくるお客さんがたくさんいて、その不正を見抜くのはモデルではなく行員だがその能力が低下していたことから起こる問題だ。

さらに、こちらがより本質だが、金太郎飴的な行動というのが銀行には強く、それがスコアリングモデルを使った融資で問題を引き起こす。本来、スコアリングモデルには前提が1つあって、それはお客さんが任意に来る、その結果、倒産確率がモデルにより正しく推計されるというものだが、銀行員というのは真面目というか、一方方向というか、モデルができあがると自分から売込みに行く。このモデルでは3日間で審査できますからどうですかと自分から売込みに行くと、結果、任意に来るお客さんの集合の場合だけ正しかったモデルを、こっちから行く融資に適用してしまうことになる。統計学のモデルの前提が崩れているのにずっと適用し続けると、結果的には、誤った結果を出すことになり、リスク管理に綻びが生じるわけだ。

これは、ただ、モデルには前提があるのに、それを無視した業務推進を一斉に促した経営の問題だ。経営は、このスコアリングモデルによる融資に営業目標を置き、競わせるということをやってしまった結果、発生した問題だ。ところが、結局モデルまで否定されビジネスモデルとして定着しなかったという、歴史がある。銀行のこの20年間の歴史のなかでの、経営とリスク管理の綻びの典型的な一例といえるであろう。

(3) 投資案件にみる経営のトップダウンとリスク管理の空洞化

邦銀の戦後の経営のなかで、幾度となく、海外進出のため海外金融機関への出資のブームがあった。しかしながら、それが成功した割合は、比較的低いのではないか。その理由として、①経営権取得の問題、②文化の問題、などがあげられるが、ここではリスク管理の観点から考察してみよう。

海外金融機関への出資というような場合は、多くは、経営のトップダウンにより進められることが多い。その結果、入り口において、リスク管理部門による実務的な関与が希薄になりがちである。さらに、出口において判断が致命的に遅れることがある。それは、経営トップの案件であるがゆえ、少々業績が悪化したり評価損を伴うようになっても、対応策を言い出しにくいという状況が生まれがちなことだ。リスク管理の空洞化となるわけだ。

特にわが国の経営では、退任しても元トップとして力を温存することがあり、その人たちが手がけた案件ということになると手を出せなく、あるいは見て見ぬふりをするという構図だ。

これを回避するための１つの仕掛けが、第１章３(5)で紹介した新規事業へのリスク管理規定の制定である。元トップ案件ということであっても、この規定に基づく対応ということで正当化され、少なくとも現経営の俎上にあがる。どう裁くかは、結局、経営の判断であることは変わりないが、経営課題として明確にされると説明責任を問われることは間違いなく、リスク管理が経営のなかに根付くことの第1歩であろう。

また、トップダウンで進行する買収案件や投資案件では、欧米系の投資銀行がアレンジャーとしてかかわっていることが多いが、ここでよくある誤りが投資銀行への過信だ。たとえば、買収先のデューデリジェンスにおいてだが、経営者はこれを投資銀行がしてくれると思いがちだが、投資銀行は必ずしも業務ノウハウを有するわけではなく、結局は、買収先の資産価値やリスクを査定するのは自社の役職員となる。それが実態であるにもかかわらず欧米系投資銀行に頼っているから大丈夫と経営が考えていては、やはり、リスク管理が機能しないということになる。

いずれにせよ、経営のトップダウンはきわめて効率的であるが、それを実行するためには、リスク管理の空洞化を招かない仕掛けが必要だということがいえよう。

3 リスク管理実務と銀行規制の綻び（その1　BIS規制関連）

本項と次の4では、リスク管理実務と銀行規制の変遷について振り返ってみたい。本項は、そのなかでも、BIS規制関連に焦点をあて、4では、時価会計等に関係する事項を取り上げる。

この2つの項から、今次金融危機の問題の根はすでに、ここ20年の変遷のなかに見え隠れしており、将来展望を考察するに際しても、まずこの変遷について再検証しておくことが重要なことがおわかりいただけると思う。

(1)　BIS規制と信用供与の収縮

現在の銀行規制の要となっているのは自己資本規制であるが、これは、1988年にバーゼル銀行監督委員会で合意され、1992年に施行された。この委員会の事務局がスイスのバーゼルの国際決済銀行（BIS）にあるため、BIS規制ともいわれる。また、自己資本比率の算定において、分母であるリスクアセットの計算をよりリスクに感応するように改定されたこの規制をバーゼルⅡと呼ぶことも多い。一方、最初の88年合意の規制を、当時はそう呼ばれていたわけではないが、ここではバーゼルⅠと呼ぶことにする。

■ BIS規制導入の経緯と影響

さて、バーゼルⅠの導入の背景であるが、当時より喧伝されているのは、「邦銀の海外におけるオーバープレゼンス」の封じ込めである。80年代の邦銀は、日本国内において貸倒れ損失も少なく優良資産が多いことから高格付を保っていた。そして、欧米各国で調達も容易で資産を急拡大させており、シェアを奪われる欧米銀行にとり脅威となりつつあった。

そんななか、目をつけられたのが、邦銀の資産に対する資本の少なさであった。邦銀は、従来、護送船団方式のもとで、預金や市場調達が守られ、また右肩上がりの経済で地価も上昇を続けて、貸倒れが限定的あるいは担保回収が可能であったことから、資本というものの意味について認識が乏しかったわけだ。

もちろん、銀行の規模を自己資本との関係で指標としてみる試みは、以前よりあった。そこに、貸出資産に対して、一定率、たとえば８％の自己資本を要請する規制を施行することで、邦銀への資産増加に歯止めをかけようとしたということだ。その真偽について論じることは、本書の目的ではないが、少なくとも結果として、邦銀は資産圧縮を余儀なくされた。そしてそれは、リレーションシップの少ない海外資産において顕著となった。

奇しくも、バーゼルⅠが施行された1992年は、本邦でバブルが崩壊し、株価が下落、不良債権が増加する時期であったことから、この海外資産圧縮が加速されることとなる。

■ BIS規制と信用収縮

リスク管理という観点から、BIS規制を振り返ってみると、もちろん大きな意味合いがある。従前の個別審査のみで判断することから、①貸出の総量を抑えること、さらに、②その総量は自己資本と関係づけられるということで、その背景いかんにかかわらず、BIS規制は、画期的なものであった。ただ、当時の邦銀にとっては、BIS規制は資産圧縮の圧力以外の何ものでもなかった。

さらに、リスク管理の観点から皮肉なことに、圧縮に際して、リスクの高い債権からではなく、海外優良資産から手をつけたことだ。これは、バーゼルⅠにおいては、どのような貸出資産でも原則同じ所要資本であったことから、リレーションも小さく売却が容易なほうから手をつけることとなり、その結果、邦銀のバランスシートの劣化を早めることに働く。

また、BIS規制には、株の含み益の一部を資本に算入できるという規定があるが、これには景気が悪くなり株価全体が下がると自己資本が減少し、貸出余力が減少するという面もある。この規定は株式保有が多い日本が主張して認められたものだが、副作用も大きかったわけだ。

こうして、90年代後半には、なかなか増資できないなかで、新たな資産形成もままならず、どんどんと信用収縮を招くという循環となる。自己資本規制のもつプロシクリカリティ（＝景気変動の波を増幅させる働き）がすでにバーゼルⅠでも垣間見られたということだ。

図表2－3　自己資本規制の変遷

・1988年	バーゼル委員会で合意
・1992年	自己資本規制施行（→当時の邦銀は、アセット削減を強いられる）
・1998年	自己資本規制の見直し（「バーゼルⅡ」）の議論が開始
・2004年	「バーゼルⅡ」の合意
・2008年	「バーゼルⅡ」の施行（→分母のアセットを格付に応じてウェイトづけ）
・2009年	今回の強化案検討開始

図表2－4　バーゼル委員会

1975年、銀行監督に関する国際協調を目的に創設。当局・中央銀行の機関。

国際決済銀行（BIS、バーゼル）に事務局。

参加国は現在27カ国（当初10カ国）……G20＋亜（香港、シンガポール）＋欧（ベルギー、ルクセンブルク、オランダ、スペイン、スイス、スウェーデン）EUは非メンバー

図表2－3には、自己資本規制の変遷を、図表2－4にはバーゼル委員会の概要をまとめているが、その絶大な影響力に比して、歴史は短く、また、合意の強制力もないという特徴がある。

■ 自己資本規制の強化と信用供与への影響

もともとこの規制は、資産に対してリスクに応じて一定率の資本を要請するわけで、貸出をそのままバランスシートの資産に計上する伝統的金融に、より大きなインパクトがある。そし

て自己資本規制は伝統的金融においてプロシクリカリティを強くもつ。

そしていま、さらにこの自己資本規制を強化しようという動きがあるわけだが、これは相対的に伝統的金融に対して影響が大きく、さらなる信用創造の抑制に働く可能性がある。そのうえ、今次金融危機のきっかけをつくった市場型金融への効果が限定的だ。

自己資本というのは、多ければいいというものではない。その水準に関しての適正な見積りが不可欠だ。株主に対して利益を還元するためにリスクテイクをするわけだが、市場の需要を超えるところまで資本があっても使えない部分が発生して結局は資本過多で株主の期待に応えられない。またリスクマネーが、使われることなく銀行資本に固定されることになり、株式市場においても不効率である。適正規模の資本の見積りと、それに関する説明責任を明確にした資本政策や増資が求められるわけだ。

いまこそ、リスクと収益性をみた資本政策が不可欠であり、邦銀は安定的な信用供与力と成長戦略の道筋を日本経済に示すことが要請されている。金融危機の再発防止のため、単に資産に資本を要請するかたちの自己資本規制を強化し、金融機関はそれに受身に対応するというのでは、まったく解決にならないだけでなく、逆に経済に悪影響すら与えるのではないか。

この規制を再検証することが本書の目的の１つともいえ、第５章で詳論するが、ここでは、もう１つの技術的ではあるが実はきわめて本質的なこの規制のもう１面を次の(2)で論じたい。

(2)　末残・平残・ピーク値管理と市場型金融への傾斜

BIS規制は、基本的に（少なくとも開示においては）基準日のリスクアセットに対する規制であり、末残への規制である。商業銀行におけるおもなリスクアセットである貸出は固定的であり、ある基準日で規制することに特段の問題はない。BIS規制は、もともと商業銀行への規制であり、決算とあわせたものとして適切な運用が可能であった。

ところが、資本効率を高めるROE経営が希求されるようになると、自己資本を使わずに高い収益源を求めるようになる。これが、BIS規制のもとの金融機関にとっては、末残をふやさずに利益をあげることになり、その結果、トレーディング収益や手数料で稼ぐことが経営の目標となる。

■ 市場型金融とBIS規制

こうして、市場型金融が、90年代、BIS規制のもとでは資本効率の高い優れたビジネスモデルとみなされるようになる。たしかに、市場型金融では末残を意図的に落とすことが可能であり規制資本を使わない。しかしながら、市場型金融は、たとえばオリジネート・アンド・ディストリビューションの過程のなかで、期末こそアセットは残っていなくとも、途中ピークで相当大きなリスクを背負う。本来、金融機関の資本は、リスクに対する備えのためにあることから、市場型金融にも相応の資本が要請されるべきところ、BIS規制上、資本を使っていないことになる。

つまり、市場型金融は、BIS規制のアービトラージとして資本効率がいいにすぎないわけであり、事実、金融危機を経て多くの市場型金融に傾斜した金融機関が資本不足となる事態を招いており実態としては資本がもっと必要とされていたわけだ。

では、金融危機における資本不足の事態をふまえてBIS規制の強化としてバーゼルⅢが叫ばれているが、これで解決されるのであろうか。詳細は第３章に委ねるが、残念なことにバーゼルⅢになっても基本的に末残のリスクアセットに資本を課する構造は変わっておらず、市場型金融のリスクはそこに擬制して算入されるかたちのままだ。この構造が続く限り、市場型金融のBIS規制アービトラージは本質的に残るといわざるをえないのではないか。

内部のリスク資本管理においては、できるだけこの枠組みへのアービトラージを抑えるためには、管理の期中頻度を高くしてピーク値をきめ細かく捕まえて極度管理をすることが肝要であろう。市場型金融等で本当はつけているであろうリスクのピークを逃すような頻度の粗いリスク管理では意味をなさない。逆にこのピークのリスクをカバーする資本配賦額からビジネスの資本効率を把握して経営管理がなされるべきであろう。

■ 商業銀行業務と末残・平残管理

さて、話題を商業銀行業務に戻すと、貸出は、前述のとおり、固定的で末残だけ落ちることはあまりないが、それでも、利益は金利収入なので平残から上がり規制が末残にかかるとすると、期末だけ落とそうという行動がないわけではない。

たとえば、不良債権が増加し自己資本比率が厳しくなるなか、BIS規制が末残を対象とすることに目をつけて、末残だけを落とすような特殊なスワップ取引が90年代の後半に用いられたのも事実だ。ただ、こういう取引は、その取引期間中に劇的に経済環境がよくなり自行の財務が改善すればいいのだが（ある意味で景気任せ）、実際には、そもそもリスクを軽減させるものではない一方、コストだけはかさむことから、最終的には経営体力を弱めるだけの結果となることが多い。規制対応のための迂回的な操作が本来のリスク管理からかけ離れてしまう典型例であろう。

こう考えていくと、商業銀行業務には、資本をリスクの平残的なものに課するとか、さらにリスクをとった総量にリンクするであろう利益に資本を要請するという発想もあろう。限りなく税の構造に近づいてくるが。

いずれにせよ、市場型金融はいうまでもなく、商業銀行業務においても、BIS規制に頼った経営はリスクを見誤らせるものであり、その点は、後ほど、4⑶で再論したい。

さて、少しわき道にそれるが、本書を執筆している2011年夏、東日本大震災の後の原子力発電問題から電力供給量の上限を需要が上回るリスクが想定され、東京電力と東北電力の管内で、電力事業法27条に基づく電力使用制限令が発動された。石油ショックの時以来37年ぶりに発動となったわけだが、今回と前回では同じ使用制限といっても意味合いが異なる。リスク管理における限度管理に関連するので、どう異なるかについて触れてみると、前回は石油不足により総エネルギーあるいは総消費電力を抑える必要があった。ところが今回はピーク値を抑える必要があるわけで、たとえば、電力消費の少ない時間帯にいくら節電してもその目的からは意味がなく、逆に経済に悪影響をもたらすのみだ。

このように、上限を管理するとしても、今回のようにピーク値が問題なのか、あるいは石油ショック時のように総量（金融的にいえば平残）が問題なのかによりまったく異なるものだ。目的をはっきりさせず、いたずらに使用制限が行われているとすると副作用ばかり大きく残念なことだ。

(3) 金融工学と市場リスク管理の硬直化

次に、リスク管理を定量的に行うに際して鍵を握る、VaR（Value at Risk）の概念について触れてみたい。これは、第１章で解説したように、株や債券、為替レート等の市場価格について、上昇するか下降するか、その方向については予見できないが、どれくらいの上下のばらつきがあるかを推定することはできるであろうというもので、その分散度合いを計測しようという概念だ。

筆者が20年近く前に、ニューヨークのデリバティブ専門会社に勤務しているときに、すでにこのVaRという概念が、言葉こそまだなかったが、用いられつつあった。デリバティブでは想定元本によりリスクを表象することはできず、他方、リスク要因が多岐にわたることから、共通の尺度が必要となり用いられ始めていた。CaR（Capital at Risk）というような言葉遣いもあり、概念にもばらつきがあったが、G30というようなグループの提言等を通じてVaRの言葉と概念が現在のものとなった。

そのエッセンスは、技術的な進歩はあるが基本は20年間変わっていない。第1章で解説したとおり、過去のデータに基づき、確率統計を金融の分野に応用した金融工学を用いて推計することが大きな特徴であり欠点ともなる。

その後、90年代後半になると、BIS規制に、トレーディング勘定の市場リスクが算入されるが、その際に用いられたのがこのVaRだ。その頃から、本邦でも市場リスク管理に広く利用されるようになり、限度管理の基本ツールとどの金融機関でも位置づけられた。

■ 硬直した運営とVaRショック

たしかに、VaRは、市場が安定的に推移しているときは便利な指標だが、負の側面も大きい。たとえば、きわめて低変動な時期が続くと、VaRが小さく計算されるので、より多くの市場取引が可能となる。だが、いったん市場が売られて変動を始めると、その後でVaRが大きくなり限度を超過することから、持高を減少させる必要が出て売却を迫られ、これが市場参加者全員で同じ方法なので、同じ行動となって市場がさらに下げるという循環をつくりだす。2002年頃に起こった「VaRショック」だ。

また、VaRの算出には各市場変動の間の相関関係を織り込んでいるがゆえに、分散効果が算入され効率的な資産運用が可能だ。しかしながら、やはりこの分散効果の推計においても基本は過去のデータであり、過去と違う動きを市場がつけるとき、予測力を失う。特にこの相関関係は安定度が悪く、流動性が枯渇するときなどには大きく変化するので、これに依拠したヘッジファンドは大きな損失を被ることがある。典型的なのが、「LTCMの破綻」だ。

いずれにせよ、VaRによる市場リスク管理はおおいに普及するが、その前提となる金融工学には当然限界があるわけで、内外において、障害が出始めたのも事実だ。

(4) バーゼルⅡと信用リスク管理の形式化

次に信用リスク管理とBIS規制の関連について述べたい。もちろん、信用リスクは、銀行において最も大きなリスクであり、個別の与信において審査がなされてきた。しかしながら、個別審査の総体であるポートフォリオが、自社の体力比で耐えられる規模なのかということについて、十分に把握されてきたとは言いがたい。そこで、第1章で解説したように、市場リスクのVaRの概念を当てはめて計量化する試みが90年代半ばよりなされた。基本となるのは、与信先の倒産確率であり、それを表象するのが格付だ。

つまり、各与信先の格付に応じた倒産確率から与信ポートフォリオのVaRを算出する手法の開発が進められた。こうした民間サイドのリスク管理の発展を、自己資本規制においても採用すべきではないかという動きが、バーゼルⅡの出発点だ。それまでのバーゼルⅠは、与信先のリスクの多寡によらず同じ所要資本としてきたわけだが、これを区別しようというものであり、さらにそこで各行の内部格付を認めるというものだ。1998年頃から議論が始まり、民間のプラクティスが規制に採用されるということで、官民ともに大きな熱気に包まれる議論が展開された。

ただ、民間のプラクティスは、当然多様であり、収斂には数年の歳月を要し、最終合意は2004年までかかる。その合意文書は文字どおり「収斂」というタイトルであり、いかに議論が続いたかがわかる。

■ バーゼルⅡのリスク評価の特性と影響

その間に、米国では、クリントン政権下、政策的な要請もあって住宅ローンが急増し、リテールローンが強化された。そして、これらには分散効果があるという理由から、同じ倒産確率でもリスクが低いと結論づけられて所要資本が低いという扱いがバーゼルⅡで認められた。この頃の議論を筆者は記憶しているが、米国が官民をあげて住宅ローン促進の国策を守るという交渉を繰り広げ、そこで、金融工学の「分散効果」という考え方がロジックとして使われたのであった。

その結果、事業法人やリテールといったいくつかのエクスポージャー別に、倒産確率によるリスクウェイト曲線が自己資本規制上、用意された。

しかしながら、バーゼルⅡの枠組みの最も大きな特徴の１つであり、欠点といえるのは、たとえば、住宅ローンのエクスポージャーであれば、どんなフラクチュエートする経済環境であっても倒産確率が決まればリスクウェイトが一意に決まってしまうことだ。本来、格付や倒産確率は、あくまで期待値であり分散を示すものではないにもかかわらず、これでリスクを決定するところに本質的な問題があった。

格付に対しては、環境にあわせた見直しに機動性を欠いたからこのような事態となったという批判がある。ただ、格付というのはあくまでその性格上、ボラティリティを反映することはできないわけでそれのみでリスク評価できるものではない。ところがバーゼルⅡは、ある意味で、リスクの把握において、規制までが、格付への信仰を正当化してしまうわけだ。本当は、第１章３⑵で述べたとおり、リスク曲線は、アセットクラスによる固定的な数本ではなく、リスク状況に応じて連続的に変化しているものであると考えられる。

そして、その後のサブプライム問題を契機とする金融の混乱は、格付に基づく自己資本規制のロジックがいかに脆弱であったかを示すことになる。ある意味でリスク管理の誤った利用がより大きなリスクを生み出すことになる。

■ 信用リスク管理の形式化へ

いま一度整理すると、まず、バーゼルⅡ規制のリスク評価でも、投資家の証券化商品の判断においても、格付におもに依拠することが行われた。そして、概念的に格付は、倒産確率や平均損失率を表象することはできるが、リスクというのは、本来ばらつき具合を指すものであり格付ではそもそもこれは把握のできないものだ。それにもかかわらず、かつ、これほどポートフォリオが大きくなっているにもかかわらず、格付に依拠したリスクの判断や評価がなされてきたところに問題があり、テール的に発生する損失が把握できなかったわけだ。

このように、固定的な関数でリスク評価をする仕掛けとしたバーゼルⅡは、信用リスク管理の形式化を招くことになる。90年代終わりに民間で発展しつつあったモデルを使用し定期的にボラティリティや相関係数といったパラメータを更新するプラクティスを否定した規制の罪は大きく、また、民間もダブルスタンダード回避からか規制遵守すればリスク管理が十分と舵を切った罪も同様に大きい。

ところで、バーゼルⅡでは、行内で付与する内部格付を使用するために当局の承認をとることになる。この承認のプロセスに関する議論において、「日本のある自動車メーカーの内部格付が米国ビッグ３のそれより高いのは疑問」ということがさも当たり前にいわれた。しかしその根拠はというと「格付機関の格付から判断して」というだけであった。その後の歴史はこれが外れることを示すことになるが、それは結果でありここで問わないとしても、格付機関の格付のほうが行内格付よりアプリオリに優れているという意識が相当強く内在していたのではないか。これも規制が、内部リスク管理を取り込んだようにみせかけて、実は内部リスク管理を無力化する方向に作用する議論であった。根の深い問題であり、格付機関との関係は次の(5)で、また、規制遵守とリスク管理が一体化する問題は4(3)で再度触れたい。

(5) 格付機関の適格性認定と審査の外部化

バーゼルⅡは、格付機関による格付（外部格付）の利用も大幅に認めた。そして、使用できる格付機関を当局が認定するという形式をとる。その結果、外部格付がある意味で正当化された信用評価となってきたわけだ。

商業銀行は、借り手から非公開情報を獲得しこれを中心に審査を行うことで付加価値をもつ。ここには格付機関が入る余地はなかった。一方、市場取引される債券に関しては公開情報により格付機関が信用評価をすることが行われ投資家に利用された。

そんななか、2000年代になり、証券化商品が急増した。本来は非公開情報で審査されるべきローンであったが、これらを多く集めた証券化商品には統計処理が可能と判断して、格付機関が評価をして、市場性商品として流通するようになる。

そして、これを加速させたのが、当局による外部格付の適格性認定だ。膨大な証券化商品に対する最終的な投資判断、言い換えれば信用供与の判断が、この格付機関の信用評価に基づきなされるようになる。ある意味で審査の外部化が進んだわけだ。そのなかに含まれる構成要素の資産は社債のような公開情報で評価可能でないにもかかわらず、である。

統計情報にだけ依拠して格付機関は評価したわけだが、脆くも統計の前提が崩れ、格付は評価力を失う。この事態について、フィーを払う発行体に聞こえのいい甘いレーティングをつけたのではないかという考えもあるが、そもそもの構造に無理がありさらにそれを当局が正当化して後押ししたのが主因ではないか。

一方で、報道などで「国債の格下げ」が出ると、政府関係者からは「私企業の評価」に個々にコメントせずとなる。ところが、規制上で、適格性を認めている機関の格付を単に私企業の評価といってしまうことに問題はないのであろうか。ある意味で、このような格付機関は、「準公共性」といった性格を帯びているのではないか。

さらに、格付機関に頼った審査の外部化は、市場の偏りを増長させる方向に働くことも否めないであろう。きわめて少数（2ないし3）の機関による信用評価に市場参加者全員が依存しているとすると市場がその評価結果により一方向に動いても仕方ないわけで、市場の不安定さを高める結果となる。

また、格付機関は市場をリードする存在でもなかった。報酬が相対的に低い格付機関に、より多くの報酬を得ている投資家や金融機関が審査を外部化してある意味で投資判断の免責を得る関係となっているわけだ。これでは、投資家や金融機関が一方的に優位となり、いずれこの関係は破綻するわけだ。金融危機の招くシチュエーションの1つであったと思われる。

本書では、これ以上、格付機関の問題に踏み込むことはできないが、内部のリスク管理においては、格付機関への審査の外部化を極力廃すべきであろうことを強調しておきたい。審査は金融の最も本質であろうからである。

(6) アウトライア規制と銀行勘定金利リスク管理の無力化

1998年、バーゼルⅡが話題となりはじめた頃、ALMや国債投資といった銀行勘定が抱える金利リスクを自己資本規制の対象とするかが問題となった。それより数年前に、トレーディング勘定、つまり市場性商品の短期売買に係る市場リスクについては、自己資本規制の対象となる改定が行われていた。そこで、次に、預金や貸金さらには国債の長期投資の期間のミスマッチに伴う金利リスクについても、自己資本の対象とすべきではないかとの議論となる。

これには、背景がある。その頃、不良債権処理がふえると、低金利政策により、銀行は、短い調達と長い運用で利鞘をかせぐオペレーションを相当程度増加させ、ある意味で、金融政策による、銀行保護であり国によるミルク補給といえる性格ともいえるものだが、金利の期間ミスマッチを飛躍的に大きくする傾向があった。

■ 銀行勘定の金利リスクと自己資本規制対象

ただ、これを自己資本規制の対象とすることは、不良債権処理で資本の欠損が進むなか、きわめて大きい影響を及ぼすことから、慎重論が金融当局ならびに民間の両サイドで大きかった。そして、次のようなロジックで、いわゆる「第一の柱」として自己資本規制の対象とするのはふさわしくないと結論づけられる。

そのロジックは、運用と調達のそれぞれにある。まず、運用に関しては、特に、銀行による国債保有は、各国の政策と直接連関するもので、世界各国一律の規制はなじまないということだ。

また、調達サイドでは、特に流動性預金は、期限の定めのないものだが、一定期間の安定的な調達となる、いわゆるコア預金となり、これは相応のコストをかけて広く店舗網をもつ銀行では、より安定的となる一方、市場調達に傾く銀行ではすぐに落ちきる不安定さがあり、やはりこれを一律で定めることはできない。

こういったことから、「第一の柱」として自己資本規制の対象とすること以外の扱いが妥当ということとなり、「第二の柱」において、アウトライア規制となる。これは、銀行で一定の金利変動が起こった場合の損失額をシミュレーションしてそれが資本の20%以上となる場合、アウトライア銀行と認定されて当局から監督を受けるというものだ。

これは一律の規制というより、銀行監督当局の裁量に委ねられた規制であり、各国の金融市場の特性が反映される扱いだ。このように規定するに際して、バーゼル委員会に対して、当時の日本の官民の働きかけが相当あったといわれる。

■ 銀行の国債保有の増加と金融政策

ただ、その後各金融機関は身動きがとれないほどの金利リスクをバランスシートに造出して長短の利鞘をとるようになるが、これには規制の自由度が高すぎたことも一因していると考えられる。その結果、金融政策は、国債の値崩れが心配なのに加え、銀行の金利リスクがあまりに大きくて銀行のバランスシートを崩さないためにも低金利政策はやめることができないというところまできた、といえるのではないか。

さらに、90年代後半以降から続いており今次金融危機の要因の１つとなった、過剰流動性の供与継続もこの政策ならびに銀行の金利運営と関係しているといえよう。特に本邦においては、金利の極端に低い時期が続いており、その出口さえまったくみえない状況だ。

4 リスク管理実務と銀行規制の綻び（その2　時価評価、検査、その他）

(1)　時価会計と報酬制度の暴走

次に時価会計が金融ビジネスに与えた影響について触れたい。市場型金融において、時価会計は大変重要な役割を果たす。20年あまり前に、スワップやオプション等のデリバティブ取引が、その価値の「理論」的な評価を可能とする金融工学の進歩とともに盛んになってくる。そして、この「理論」価値により、損益を認識する時価会計がまず90年代前後から米国の金融機関で採用されるようになる。

■ デリバティブ販売と時価会計の役割

一方、その頃はまだ、一般事業法人や邦銀は、従来の発生主義会計のままであった。その結果、１つのゆがみともいえる事態が発生し社会問題となる。たとえば、当時のバンカーズ・トラストという米銀は、デリバティブを得意として当然時価会計を採用していたが、発生主義会計の事業法人顧客に対して、イールドカーブスワップやそのオプションを、高いレバレッジで販売する。

これらは、５年とか７年の長期取引であり、かつ、取引の初めの期では発生主義会計のもとでは顧客が確定利益を得られるが、その後は相当高い可能性で不利になるように設計されている。逆にいえば、通期のキャッシュフローでは、バンカーズ・トラストのほうに有利に仕組まれ、適切なヘッジ取引のもとで時価会計では利益が出る。

つまり、銀行は利益が出て、顧客も最初の期は利益という取引だ。しかしながら、顧客は、当初期の確定利益に目を奪われ取引をしてしまうが、後に大きな損失が発生するというものだ。これの有名な事例は、P&Gのケースであり、結局は、バンカーズ・トラストの不十分な対顧客説明が問題視され、同行は経営が行き詰まって、ドイツ銀行に買収されることとなる。

こういう複雑な商品でなくとも、90年代の初め、デリバティブに時価会計が適用されないことで、さまざまな問題が起こっていた。その典型が、利益の前倒しの操作である。たとえば、先物取引で同時に「売り（ショート）」と「買い（ロング）」を同額立てる。その後、相場が動くと、一方は必ず益で他方が損となる。そこで益になっているほうだけ手仕舞って利益を確定させ、もう一方は評価損のままとする。これを繰り返すと、当面利益が出るが、ポジションは、高いところでの「買い」と安いところでの「売り」が残ることになる。先物の「大股開き」と呼ばれ、利益の前倒し操作としてよくみられた。

また、OTC（over the counter）のスワップでも、類似のことがよくみられた。スワップ取引とそのヘッジのスワップ取引があれば、どちらかは評価益になり他方は評価損になっている。カウンターパーティーが時価会計をとる欧米銀の場合、解約をしてもかれらには損益がニュートラルなので容易に解約に応じてくれ、一方、時価会計ではない邦銀には評価益のほうだけ解約すれば実現益が得られるので、やはり、利益の操作としてこのような解約が多くなされた。

先物にしてもスワップにしても、このような操作をすれば、その期は利益計上ができるがその後に大きな評価損を抱える取引が残り、きわめて不健全な財務となる。ただ、バブルが崩壊し利益がなかなか出ない苦しい経営環境のなか、「やむをえない手法」として実行された歴史がある。邦銀にとり、初期のデリバティブ取引は会計制度の不備をつく利益操作取引の側面は否定できない。

こういったことを経て、2000年頃までには、一般事業法人や邦銀にも時価評価がデリバティブ取引には用いられるようになり、金融工学に基づくイノベーションが認識されたものである。

しかし、時価会計といえども万能ではなく、たとえば、市場規模比で相当の割合の増資を特にオプション性のハイブリッド証券で行う場合や、市場流動性の低い市場、さらには理論評価モデルが依拠している金融工学の前提が崩れるような市場での評価の妥当性が問題視されるようになる。これらについて、第5章で特に大きすぎて潰せない（Too big to fail、ツー・ビッグ・ツー・フェール）銀行の転換権付き増資の問題で触れることにする。

ここでは、この側面には深入りしないが、時価会計の論点のもう１つの側面である、報酬問題との関係について以下で考察してみたい。

■ 時価会計と報酬制度

まず、いまからみれば非常にプリミティブな２つの経験から問題を探りたい。１つ目は、20年近く前、前述の、筆者が勤務したデリバティブ会社での経験だ。その頃同社は創業してそれほど時間が経っておらず、取引こそ相当締結されていたが最初のキャッシュフローの交換すらまだあまりない時点であった。ところが時価会計により相当の利益があると計算され、同社はトレーダーに相応の額の報酬を支払っていたのだが、これには違和感をもたざるをえなかった。

もちろん、デリバティブに発生主義会計を適用することにもおおいに違和感がある。前述のP&Gの例では、市場での反対取引により損が確実な取引でも、発生主義では当期利益が計上されるということがあるわけだ。これも、当然先々の期において損失が発生する可能性がきわめて大であり、不適切な利益計上といわざるをえない。

さすがに本邦でも現在では、時価会計がデリバティブに採用されるようになった。ただ、もう１つの問題として、今度は、数年前のスワップ取引の優越的地位の濫用事案のように、時価会計により意図的に可能となる利益の前倒しが起こる。これは、今次金融危機で問題となった報酬制度とも関係するものであり、本邦で数年前に起こっていたのは皮肉だ。

会計と業績評価や報酬とは密接につながるものだ。時価会計には適切な制度運用が不可欠である。特に重要となるのは、時価会計においては、利益が評価時点において即座に認識される一方、資産価値自体はその後も変化をして損失の発生が長期的に続きうることであり、そのリスクを反映させた業績評価や報酬であるべきということだ。

この点に関しては、先のピッツバーグ・サミット（2009年9月）でも認識は共有されてきてはいるが（図表2－5）、いちばん厄介なのは、どう具体化するかであり、国民意識とも関係して今後とも政治的な問題となりうるものであろう。

図表2－5　ピッツバーグ・サミット（2009年9月）の首脳声明より

次の点を目指す、金融安定理事会（FSB）の勧告を全面的に支持

- 複数年に渡るボーナス保証を避ける、
- 変動報酬の相当部分について、支払いを繰延べ、業績に連動させ、適切な取戻しの対象とし、株式や株式類似の形態で付与、
- 経営幹部等への報酬が業績及びリスクと整合することを確保、
- 金融機関の報酬政策・体系を開示義務を課すことによって透明化、
- 変動報酬が健全な資本基盤の維持と整合的でない場合には、純収入全体に対する変動報酬の比率を制限、
- 報酬政策を監視する報酬委員会が独立して活動することを確保。

（出所）　金融庁資料より

【事例研究】 IRRと現在価値

90年代の初めから半ばくらいまで、邦銀はデリバティブに対して理論モデルを使って時価評価をする能力を持ち合わせていなかった。少しイレギュラーなキャッシュフローをもつ金利スワップに対して、行内のスワップ専門部署が、IRR（内部利益率、Internal Rate of Return）を計算してプレーンバニラの金利スワップのレートと比較して満足していたのを、筆者は思い出す。当然こういう状態では、プライシングをできるはずもなく、欧米の金融機関にデリバティブのマーケットメイクのすべてを依存するしかなかった。

もう少し詳しく述べると、90年代前半の時点で、一部邦銀はすでに相当多くのデリバティブ取扱残高があったにもかかわらず、最も基本であるイールドカーブを生成して金利スワップを時価評価することすらままならないという状況だった。さらに、デリバティブの時価評価やリスク管理の重要性がほとんど理解されず、これらを整備・推進することの経営会議付議がきわめて特異な案件で、ある意味で経営マターではないという位置づけであった。そんな状況であるから当然のようにデリバティブの主要なプレイヤーとはなれないままであったとしても不思議ではない。

そして、90年代の前半まではまだ邦銀は高い格付を維持しており、欧米の金融機関にとっては格好の取引相手であった。邦銀はプライスする能力もないとすると、欧米銀にとり大きな収益源であったことも想像にかたくない。たしかに、上述のP&Gのケースと類似のスワップを邦銀もP&Gと同じサイドで保有していた。

その後、邦銀も90年代の後半になり、こういった金利や為替のデリバティブに係る能力を高め、欧米の金融機関になんとか追いつくようになる。ところが、皮肉なことに、邦銀は不良債権問題で、自らの格付が低下し、やはりデリバティブの主要プレーヤーとなれなくなる。

そこでこの状況を打開するため、自行の信用力が低下するなか、一時的な動きだが、トリプルAの格付をもつ特別目的会社（SPC）を設立してそこでデリバティブ取引をすることが90年代の後半に流行する。SPCに多くの自己資本や優良保証をもたせ、かつ自行とはバンクラプシー・リモート（倒産隔離）の構造をつくって、格付機関から高格付を得るというスキームだ。その後、2000年代に入り、証券化商品等の人工的ストラクチャーで高格付をとるようになることの「さきがけ」かもしれない。何よりも共通している構図は、格付機関から高格付を得ると、たとえ複雑なスキームで自らリスク評価できなくとも、市場は自動的に取引をしてくれるというところを利用する点だ。

しかしながら、このSPCは、資本コストや保証料がかさみ、さらにひどいことに取引相手の格付が低下すると一斉に解約せざるをえず、結局はスキームを維持できなくなる。いま振り返ると、このようなSPCであれ証券化商品であれ、構造が複雑で単に格付機関の判断のみに頼って市場が取引をしても結局は長続きせず、もっと不幸なのはそれによりかえって市場が一方向に動き最終的に縮小を余儀なくされるという歴史である。これは、3(5)で述べたように、格付機関が現代の金融に本質的にもたらしてきた問題の一端ともいえる現象だろう。

いずれにせよ市場型金融の波はいくつかあったが、この金利や為替のデリバティブの波に結局は乗れずに終わる。そして、次の市場型金融の波だが、証券化やCDSの大波が2000年代初めから半ばにかけて起こる。しかし今度は、邦銀は公的資金の返済要請等があり、経営体力が追いつかずにやはり乗れないで終わる。この波は最終的には、大きな金融危機につながるわけで、幸か不幸かこれに乗れなかったのはよかったかもしれないが、結果として邦銀は市場型金融への移行はできていない。

(2) 当局検査とリスク管理の裁量化

ここでは、リスク管理に関する当局の検査・監督について触れたい。金融検査の歴史は事前・直接型から事後・間接型への変化だ。箸の上げ下ろしまで干渉するところから、リスク管理が機能しているかを検査するというほうに移ってきている。

しかしながら、その結果、リスク管理のプラクティスが確定しないなかでの事後型の検査ということから、かえって恣意的もしくは裁量的な側面が強くなってきたといえないだろうか。

一般的にみても、経済活動における行政の関与は、たしかに事前承認型から事後検証型へ移行してきている。ただ、そのためには、あらかじめ、透明な法的措置により、市場参加者の間で守るべきルールが明確であり共通していることが大原則だ。会社法や金融商品取引法等の整備がその典型であろう。ところが、金融機関への検査においては、世界的な趨勢として金融機関のリスク管理のサウンドプラクティスをベースとするとしてきたわけだが、実はこれはそれほど明確なものでもなかったのではないか。たとえば、(1)でも言及したような2000年代初めの増資の際のハイブリッド証券などは、市場プラクティスが明確ではなく、第5章の2(3)で触れるように通常の資本市場の理論がそもそも適用できない可能性がある。そんな状況では、共通のルールを前提とした事後検証をしようとしても大きな限界がある。そして、その結果、起こったことが、想定とは逆の恣意的な検査であったとするならば不幸である。

■ リスク管理への検査の有効性

さらに、銀行の行うリスク管理を検査するという仕組み自体が、金融システムの健全性維持に有効であるかについて少し論じたい。これまで述べてきたとおり、銀行のリスク管理は残念ながら現状は、過去のデータに依拠する金融工学をベースにしており、それをさらに検査したとしても、相当過去をみているにすぎないということが起こっているわけだ。

さらにひどいことに、リスクが示現することがあったとしても、定期的にしかない金融検査においてはすでに相当事後となっており、金融機関は、そこで事後的な「説明のための説明」に相当の時間をかけて準備をすることが多い。上記の１で述べたように、邦銀においては、最大のステーク・ホルダーは当局であり、説明責任は市場に対してというよりも当局に対してということから、ここに経営資源を集中することになってしまう。

したがって、金融検査が、「預金等受入金融機関に係る検査マニュアル」の冒頭に留意点としてあげているにもかかわらず、フォワードルッキングにリスクを察知するということが、実は大変むずかしいというのが現状ではないだろうか。

また、「預金等受入金融機関に係る検査マニュアル」は、第１章４(6)でも述べたが、リスク管理に対する経営層や取締役会の関与を強める要請に多くのページを割いている。しかしこれらは最も形式的に堕しやすい点検項目であり、同マニュアル対応として、金融機関内の事務方により、かたち上、取締役会に付議報告されていることが多く、これらを検査で確認したとしても実効性に疑問が残るのではないか。

検査の有効性に関連して、2000年代の後半に導入された評定制度についてここで言及したい。これは、検査対象を10前後にカテゴリー分けして評定をつける制度であり、検査を受ける側と行う側の理解を共通にして、その後の対応を有効に進めようというねらいだ。低い評価がつくカテゴリーにはその後に集中的に対応し、また、高い評価のカテゴリーは検査の頻度を下げるもので、双方にとり実効性の向上が期待される。しかし、実際の運用はなかなかねらいどおりではない。入検時から検査期間中ずっと、評定の「落としどころ」を双方で探るという行動が起こってしまい、個々の事案の検査に加えて評定をつけることが追加の作業となり、さらには評定自体が目的化するということが発生する。ここでも実効性の向上とは正反対の運用となりがちな実態がある。

検査は民のコストに加え、官サイドも相当の税金を費やしているにもかかわらず、効果があまり期待できないのであれば、やはり十分な検討が必要ではないだろうか。

金融機関経営の問題に立ち返ると、重要なのは、第1章で、金融機関からみての当局検査に関するポイントで述べたように、経営者はリスク管理が適正かどうかについて検査頼みとすべきではない、ということだ。リスク管理の適切さは経営そのものの問題だということを強調しておきたい。

(3)　規制とリスク管理実務の形骸化

バーゼルⅡは、その理念が、民間のリスク管理のプラクティスを規制に取り込むことであった。90年代後半において、リスク管理が大きく進展を遂げ、規制がこれを真似ていくことになる。

ところが、2000年に入り、このリスク管理が大きく変節を遂げるようになる。一言でいえば、形骸化していくのである。

■ 政策投資株リスク管理の形骸化

これが本邦においては、特に政策投資株において顕著となる。歴史的にみると、銀行における政策投資株は、安定株主政策のもとで持合いとして保有がふくらんだが、低い簿価と株高が続くなかでは、銀行に含み益をもたらした。ところが、バブルが崩壊して、不良債権の処理ためにこの含み益が使われ簿価があがるとともに株式市場が下落してついに主要行においても、政策株が含み損を抱えるようになる。さらに、会計的にもこれらが資本直入されるようになり、財務的に大変苦しい状態となる。

そして、リスク管理上、各銀行は、VaR等の概念により計量的に把握して自己資本との関係でリスクの上限管理を行っていたわけで、このような状況下では、政策株のリスクが上限を超過する事態となる。ところが、リスク管理の規定に従って、上限内にリスクを抑えようとして取引先の株式を売却しようとしても、①取引先が望まない、取引が断絶される、②売却株数が多く市場を潰す、などの理由により、売却しないという経営判断となる。これでは、リスク管理がワークしない。

さすがに、2000年代初めにはバランスシートの健全化というテーマと、政策株をTier 1の範囲内にするという規制により、株はその規制の範囲内には売却される。ところが、2000年代半ばになると、株式市場が持ち直すようになる。もちろん、再度、株が下落すると同じような事態となることを想定すれば、銀行のバランスシートからさらなる持合いの解消が必要なことに変化がないはずだ。ところが、銀行経営者の財界での地位向上や買収への対抗策という理由もあり、銀行が再度株を購入するようになる。

そして、ここが問題なのだが、銀行経営は、せっかく政策株に対するリスク管理のフレームワークを用意したが、結局、リスク管理が、株価急落時にも株価上昇時にも機能せず、規制にあわせただけとなる。そして、2007年から、もう一度、今次金融危機において株価が下落して、政策株のリスクが上限を超えるが、やはり売却等の対応はとれずにバランスシートにリスクが残ったままとなる。リスク管理の形骸化以外の何ものでもない。

■ ヘッジファンドと管理の形骸化

また、欧米の主要行においてさえ、経営判断を伴うような投資において、リスク管理の形骸化が進む。規制を逃れるということを通りすぎて、リスク管理部門が本来の役割を忘却する。その典型が、経営レベルでのヘッジファンド投資や商業不動産関連投資であり、経営判断のもと、リスク管理部門のレビューを略するということが起こる。当然ながら自己資本規制をはじめとする規制には対応せざるをえないわけだが、これには、あくまで、ルールを守るということが目的化しており、内部的なリスク管理や健全性向上といった目的は放擲される。連結対象から外すためのSIVの設立は、その典型的な例であろう。

こうして、リスク管理のプラクティスにあわせて設計された規制が、規制逃れ的な対応により骨ぬきとなる一方、リスク管理自体は形骸化するということで、双方が無力化するという歴史である。

ここでも前述の検査に対して同様、金融機関経営として重要なのは、第１章で述べたように、経営者はリスク管理が単に規制対応にとどまっていないかを、経営の責任でみるということだ。

■ リスク管理と規制がイコールとなることによる金融システムの脆弱性

これまで何度か言及してきたように、銀行規制の要であるバーゼル規制は、バーゼルⅡになり民間のリスク管理のプラクティスを取り込むようになる。ところがその後、多くの金融機関において、逆に、内部のリスク管理というのは規制を遵守することで十分だと考えるようになる。リスク管理と規制遵守がイコールになってしまうわけで、ここでもリスク管理の形骸化が進む。そして、ひどいことにこれが金融機関全般に広まって、金融システム全体が、同じリスクアピタイトと管理をもつ機関の集合体となったわけだ。ある意味で同じ方向を全員が向いているので、何かあると同時に倒れていくという脆弱性をもつことになる。金融危機を誘引した現象の１つといえるのではないか。

■ 従前のリスク管理と規制の限界

本項と3でいくつも例示して述べてきたように、この20年近くの金融工学の発展とこれに基づくリスク管理実務や規制は金融の拡大をもたらしたことは否定できない半面、大小はあるが、いくつもの障害を招いてきたことも事実だ。では金融工学はそもそも不必要なのであろうか。

結論は、装置としては最早なくてはならない存在だ。だが、これにのみ任せてしまうことはできない、ということだ。それは、経営サイドも監督サイドも両方においてである。たとえていうならば、すでに金融は相当複雑になってきており有視界飛行は無理であり、工学に基づく計器が不可欠である。しかしながら、自動飛行をすべきではない、ということだ。

特に、金融工学における推計は過去のデータをベースとするが、金融の行為において常にその推計に使われた過去が継続されるわけではなく、自然にあるいは人為的にそれを破る行動をとりうる。したがって、予測力が急速に低下するということが起こりうる。ところが自動運転をして任せていると、予測力が低下しているにもかかわらず間違った結論のもとで経営をしたり監督したりということが起こる。

したがって、肝要なのは、「金融工学」は常に間違いうるという認識をもち、経営や監督はその間違いの有無を常にモニターする能力をもつことだ。もし、その能力がなければ金融工学を用いないほうがいいわけだが、すでにこれなしではビジネスが遂行できない状況であり、金融工学の間違いにいかに敏感に気づいて方向転換する勇気をもてるかが鍵を握るわけでこれこそリスク感覚といえるかもしれない。

ただ、残念なことに、歴史は、リスク感覚を金融界がもつまでに、致命的な破局を迎えることになる。これについては次の第３章に詳述する。

現代を読み解く鍵②

数学の点数と格付の問題

本コラムの表題に読者は驚かれたかもしれない。数学の点数がなぜ話題になるのか、また、格付となぜ並列されているのか。ここでは、平均と分散の罠との関連で触れてみたい。

入学試験は、各科目の単純合計で判定されるのが普通だ。そして、これは、どの科目が得意でも特に偏りのない公平な判定方法と思われている。しかしながら、読者の皆さんも感じたことがあると思うが、数学が得意なやつに有利な方法ではないか、ただ、自分は数学の点数が悪いから公平に足されている限りあきらめるしかない、と考えていないだろうか。

数学の試験は、よくいわれるように、国語なんかに比べると点数のばらつきが大きい。そこで、一例を考察する。国語と数学で5人試験を受け、両方とも平均点は50点とし、上位2人が合格とする。

	Aさん	Bさん	Cさん	Dさん	Eさん
国語	60	55	50	45	40
数学	10	30	50	70	90
合計	70点	85点	100点	115点	130点

合格したのは、DさんとEさんだ。AさんとBさんは国語が得意で1番2番であったにもかかわらず不合格となり、国語で最低点のEさんがらくらく合格している。これでは国語の勉強をする気にすらならないのではないか。単純合計が公平という

のはどうも疑わしい。点数のばらつきが、上位者のみ合格するというテスト制度において、鍵を握る。

次に格付の問題を考える、観測期間5年で同じ平均倒産率10%であり同じ格付とされた2つの商品を考える。倒産率の推移は以下であったとしよう（各商品のうちその割合だけが倒産して戻ってこない、つまり損失とする）。

	1年	2年	3年	4年	5年
A商品	8%	9%	10%	11%	12%
B商品	20%	15%	10%	5%	0%
A、B両方	14%	12%	10%	8%	6%

この投資家の自己資金が13%で、1年ごとに資金調達をしてA、B商品の両方に同額投資して毎年、回収・資金返済し、再度、資金調達・投資すると仮定する。この場合、5年間の平均倒産率がたとえ10%の投資でも1年目に自己資金を上回る損失の14%が出て破綻することになる。一方、A商品だけの投資であれば破綻せずにすむ。これもやはり平均倒産率以外にばらつきが大きな意味をもつわけだ。

ここでは、自己資金が13%としたが、もっと潤沢に、たとえば25%の自己資金があれば、実はA商品もB商品もAとBの両方に投資しても、5年間破綻することなく倒産による損失も同額だ。つまり、現実の問題として、自己資金に限りがあるときに、ばらつきが鍵を握るわけだ。防波堤は、波の平均的高さではなく、最大の波から判断される必要があり、平均損失率を表す格付だけのリスク管理には限界がある。

先の数学の点数の問題でもそうだが、ばらつき（標準偏差、分散）がどんな意味をもつかを意識することが、いろいろな判断で本質をなすことがあることをここで主張しておき、さらにその把握が従前の方法でできないような金融危機に際しての状況について、次の第３章で解説したい。

第3章 新たなリスクへの対応と金融規制の動向

―金融危機を経て要請される規制とリスク管理とは―

1 金融危機を誘発する新たなリスク
―マクロリスク管理―

第2章で述べたとおり、この20年にわたり、リスク管理の手法はおおいに進歩を遂げるわけだが、その一方で、綻びが見え隠れするようになる。そして、2000年代半ばになると、証券化等のビジネスが飛躍的に拡大し、点在していた綻びが線となり面となってつながって、ついに底割れすることとなる。これが、今次金融危機であり、本項では、そのメカニズムをみる(なお第2章同様、第3章の1は、筆者が文献(4)に発表した内容の解説が含まれる)。

証券化ビジネス等の市場型金融の特性は、オリジネート・アンド・ディストリビューションにあり、資本効率性という観点から、資本家にはおおいに歓迎されて急拡大する。ところが、現場においては、転売を前提とすることから、まず審査が形式に堕すようになる。また、格付機関が、その能力の限界と発行体から利益を得るという基本構造ということもあろうが、「分散効果」によりリスクが低減するという必ずしも正しくない理屈と過去データ依存から、証券化商品に、高格付を付与するようになる。

そんな状態で、過剰流動性と経済不均衡のもと、市場が急拡大をする。ところが、リスク管理上、第2章で述べたような、見え隠れする綻びを抱えたままであり、市場規模が耐えきれない大きさとなったところで、以下の(1)に述べるように、市場型金融においてリスクが連鎖して示現する。

そして、(2)に述べるように、不幸にもこれが預貸金を扱う伝統業務に及び、傷口は経済全体に広がる。

そのおおもとには、これまでのリスク管理の限界があるわけだが、これは第2章のような、個別の綻びとしてとらえるだけでは無理がある。まったく新たな様相をもつようになっており、マクロ的視点が不可欠であることを(3)でまとめて述べる。

この項では、金融ビジネスを、市場型金融を行う投資銀行業務と、伝統的金融を行う商業銀行業務に大きく分けて分析する。今次金融危機は、グラス・スティーガル法が撤廃されてこの2業務が一見統合されるなかで起こったものだが、実はこの2業務では明確にリスクの出方が異なり、それぞれが特性に応じて適切にリスク把握・管理がなされなかったゆえに拡大したといえる面がある。

(1) 市場型金融における連鎖リスクの急拡大

市場型金融のここ20年の隆盛と金融工学の進歩は密接に関係している。与信商品は、単独のみならず、①束にされ、②そのうえでリスクの高低でいくつかのセグメントに分けられ、③さらにそれらは2次加工され、④これらを原資産とするデリバティブもつくられる、というようなさまざまな形態をとるようになる。しかしながらその結果、もとの資産から最終投資家まで大変長いかつ分岐したチェーンができ、どこか1つで破綻が起きると次々連鎖する。

また、なかなかトレースできないことから、価格がつきにくくて値崩れしやすいのも特徴だ。たとえば、CDS等のデリバティブ取引による与信と受信の関係は金融システム全体で大きなネットワークになり、どこか１つのつながりが切れると、システム全体が影響を受ける。リーマンショックの際のAIGを中心とするCDSがその典型だ。

■ 連鎖リスクに対する資本の備え

では、この連鎖リスクに対して、資本の備えは十分であったのか、について考えてみよう。そもそも、市場型金融において、CPを発行してデットを購入して証券化してCDOとして投資家に販売するプロセスにおいて、①期末において残高がないとすると規制上の資本は不要となり期中にあるリスクがいくら大きくても捕捉できない。さらに、②期末に残高がある場合でも、安定預金により調達した資金でデットを保有するのと同じ規制資本となる。

市場型金融は、長期デットの購入のため短期間に集中して資金が必要であり、これをCP等の短期市場性資金でまかなうわけで、ある意味で信用リスクの長短のミスマッチ（流動性リスクというよりも）で利益をあげる構造だ。SIVなどもその典型であり、たとえこれを連結規制したとしても、アセットサイドだけみた規制で適切な資本が確保されるとはいえない。

つまり今次金融危機をめぐる市場型金融のもつ連鎖リスク

は、運用と調達あるいは与信と受信が金融機関の間で長いチェーンになって急拡大したものであり、現行のアセットに対する所要資本の考え方だけではまったくカバーされないわけだ。

では、この連鎖リスクをどのように把握するかであるが、決定打がないというのが現状ではないか。(4)(5)で１つの考え方を紹介するが、金融システム全体のリスク評価をする必要があることだけをここでは申し上げておきたい。単品のリスクとして、たとえば、与信の格付から所要資本を算定するのでは不十分なことは、今次金融危機から明白だ。

(2)　市場型金融の連鎖リスクをトリガーにした伝統的金融の循環リスクの示現

市場型金融の連鎖リスクは、さらに伝統的金融の商業銀行業務にも決定的影響を与えることになるから厄介だ。今次金融危機の前後の流れで説明をしてみよう。まず、2000年前後に米国政府の政策もあり、住宅ローンが専門会社を通じて盛んに組成されるようになる。そして投資銀行に売却されて証券化されて世界中の投資家にわたる。

さらに、グラス・スティーガル法の撤廃により、市場型金融と商業銀行が一体化することで、市場型金融による利益により商業銀行業務に自己資本の余裕が生じ、さらにレバレッジをかけてこの市場への資金供給が可能となる。自己資本規制上では、12.5倍までの資金供給が同じ健全性を維持して可能とみなされるわけで、この循環はどんどんと増幅されることとなる。これが、2000年代の初めから半ばにみられた現象だ。

自己資本規制というのは、ある意味で信用供与の上限を決めているわけだが、景気がよくなると、より緩くなる、つまり上限を切り上げる方向に作用することから、実は金融システム全体で耐えきれない規模になっていてもこの規制はその時点で作動しない。金融がいわゆるバブルを生み出していても追加資本を求めることはないわけだ。

ところが、いったん資金の回転に変調をきたしはじめると、最初に影響を受けるのは市場型金融だ。短期資金をCP等で調達しているわけだが、そのロールオーバーができなくなることをおそれて、少しでも値の下がった証券化商品の売却を進める。同じことを各社が一斉に始めると余計に価格が下がるという現象を引き起こす。そして、証券化商品やデリバティブ取引において連鎖リスクが顕在化して急激に市場型金融機関の経営は悪化をする。

■ 商業銀行業務への波及と循環リスクの急拡大

これは市場型金融を行う一機関に限られるものではなく、連鎖して金融システムを悪化させてマクロ経済に影響を及ぼしはじめる。ただ、商業銀行のほうは、この段階で急に預金が引き上げられるわけではなく、直ちに与信を引き上げることはないが、徐々に経済の悪化とともに不良債権が増加し、自己資本が低下しはじめる。

その結果、商業銀行は、信用供与を抑制し、それにより、また経済が停滞するという循環を生み出す。実体経済との間で循環リスクとして示現しているといえる。

今次金融危機の前と後においては、さらに、自己資本規制によるプロシクリカリティがこの循環リスクを増幅させ、状況をきわめて深刻なものとした。

ただ、十分に認識されなければならないのは、自己資本規制をいくら強化しても、これで改善するのは今次金融危機の問題のごく一部ということだ。強化しても相も変わらず、単品の商品をばらばらにしての一律の所要資本であり、今回の根にあるリスクへの備えとはなっていない。現状のリスク管理の限界ともいえる。次の(3)でこのあたりをもう少し詳しく述べたい。

(3) 現状のリスク管理の限界

現状のリスク管理は、特に計量的な扱いにおいて金融工学に依拠する。これにより、前提が満たされている限り、複雑な市場のメカニズムとリスクを高い精度で分析しうる。

しかしながら、前提が満たされなくなった状況では、複雑な論理構成とデータ依存であるがゆえ、かえって致命的な判断の誤りを導く。

第2章や、上記(1)(2)からわかるように、現状のリスク管理においてとらえられていないリスクが厳然とあり、無視できない規模で大きくなってきていることだ。

■ リスク管理モデルの前提条件

では、どういう点でこれまでの評価方法に限界があるのかであるが、以下のような現状のリスク管理モデルの前提が致命的に破れていることだ。まず、①独立性……対象となる商品や市場について、個別金融機関におけるリスク顕在化やそれへの対応が、他の商品や市場に影響を与えるものではなく、ましてや、元の商品や市場に再度影響をもたらすことはないと想定されている。

次に、②完全性……対象となる商品や市場は、常に取引が可能でありまたその自らの取引量により価格が変動することはないと想定されている。

さらに、③不変性……対象となる商品や市場の動きの特性は不変であり、特に分散・相関関係も不変であると想定されている。

これらの前提は、昨今の金融システムにおいて全体で耐えきれない状態となって、その破れが示現する。その結果、あたかも個別取引のその瞬間は、適切に金融工学が適用されリスク管理がなされているようにみえて、全体では無理をきたして、合成の誤謬が起こるわけだ。

たしかに、VaRモデルの改善や信用リスクのテールの研究も非常に難解な数理を駆使して進められている。また、バーセル委員会ではさらに連鎖リスクが最も顕在化しやすいカウンターパーティリスクへの資本強化をいくつかの側面から個別に提案している。

しかしながら、合成する際のリスクをいくらミクロで分析しても無理があるのではないか。一例として、金融危機の直前において、個別金融機関のTier 1 比率やROEといった健全性や収益性の指標はまったく問題なく、当時のリスク管理モデルではなんらの異常を示すものではなかった（文献(7)に分析あり）。ところが、明らかに金融システム全体にはリスクの高まりがあって金融危機となったわけで、当時のモデルには限界がある。現在の金融システムが抱えるような、急拡大した連鎖リスクや、これをトリガーとして示現する循環リスクは、市場全体のマクロ的なメカニズムから解明される必要があり、局所からマクロへの視点の変化が必要となると考えられる。このあたりは、次の(4)で論じることとしたい。

(4) マクロリスクの把握と管理

前述のとおり、現在の金融システムの特徴の１つは、市場型金融を中心とした連鎖リスクの高まりであり、これをとらえるため、CoVaRなる概念が提唱された。証券化業務やデリバティブなどの市場型金融にみられ、NY連銀等で数年前から盛んに研究されている（文献(8)）。また、連鎖リスクが市場からの影響によるものであるのに対し、経済が変動することにより発生するスパイラル（循環）リスクがあり、これは特に商業銀行業務の貸出において顕著なもので、(2)で現象を解説してきたものだ。

■ マクロVaRの導入と定義

これらは、従来のリスク管理モデルで捕捉しきれないリスクであり、マクロVaRと呼ぶこととし（文献(3)）、本節ではその定義を述べる。

前節で述べたようにこれまでのリスク管理モデルが前提としていた、①独立性、②完全性、③不変性が崩れた場合に、個々の金融機関でそれらのモデルで計測されたリスクの合計が、金融システム全体のリスクを下回るということが起こる。ある意味で、VaRの劣加法性の破れが起こっているわけで、この差額をシステム全体のマクロリスクと定義して、その各金融機関への配分額をマクロVaRと定義する。したがって、各金融機関のリスクは、次のように表される。

各金融機関のリスク＝従来の単独で計算される最大損失額（「個別VaR」）＋マクロリスクの各金融機関相当額（「マクロVaR」）

これの具体的な算定は容易ではないが、今後の手法開発がおおいに期待される（文献(4)(7)参照）。

さて、マクロVaRは、①証券化商品等、金融商品の複雑化が進みレバレッジも高まって相互の連鎖がきわめて大きくなる、②さらに金融機関が巨大化し一機関の動きが経済や市場に大きな影響力をもつ、といった要素が絡まって、自らの作用が市場や経済からの反作用として戻るということが引き起こされるようになる際、そこから発生するリスクをとらえようというものだ。いまの金融システムのなかにある金融機関にとり、きわめて本質的なリスクといえる。

したがって、リスク管理の枠組みのなかに、従来までの、市場リスクや信用リスク等に加え、このマクロリスクも管理すべきリスクカテゴリーとして、各金融機関は追加すべきと考える。でなければ、現在の金融システムにおいて、きわめて重要なリスクを捨象したまま、他のリスクをいかに精緻に管理しても、統合リスク管理とはならない。今回のような金融危機を起こさないため、各金融機関がこのリスクをしっかり管理することが求められるのではないか。

(5) マクロリスクを把握するための試み、その結果

「マクロリスク」の特性を実証分析するために、マクロ経済指標等から金融機関の損失を回帰して要因分析する。以下がその一例だ（文献(7)の第4章「マクロリスク管理に関する実証研究Ⅱ」（森永聡、藤巻遼平、坂本達夫）より）。

【事例研究】 計算具体例

［基本的考え方］

金融システムのなかで、各金融機関のリスクが、マクロ経済的要因や自社の経営指標等の共通のパラメータで表現されるところを抽出してマクロリスクとして把握することを試みる。

[回帰モデル]

２つのモデルを考える。モデル１はマクロ経済と自社の規模のみを独立変数とするもので、モデル２ではそれに経営指標としてROEや自己資本比率も独立変数として勘案する。

モデル１：損失率＝Ａ０＋Ａ１・経済成長率＋Ａ２・経済レバレッジ率

モデル２：損失率＝Ａ０＋Ａ１・経済成長率＋Ａ２・経済レバレッジ率
＋Ａ３・ROE＋Ａ４・Tier１比率

・損失率：損失額／総資産
・経済成長率：実質GDP成長率、記号は、EGR（economy growth rate）
・経済レバレッジ率：リスクアセット／名目GDP、記号はELR（economy leverage rate）
・損失額：貸倒引当金繰入額＋貸倒償却
・データ期間：2000年から2008年
・説明変数の遅延：０～２年を試行（モデル１では3^2＝９パタン、モデル２では3^4＝81パタン）
・対象金融機関：日本主要行、米国主要銀行、欧州主要銀行

[結果]

日・米・欧の別で、金融機関の損失率は、EGR(0)、ELR(1)、ROE(2)、Tier１比率(1)を説明変数として要因

分析が可能であり、日・米・欧の金融機関のリスク特性が観察される（変数名直後の（　）内の数値は、遅延の年数）。

日本：損失率＝1.1－0.079＊EGR(0)＋0.004＊ELR(1)－0.004＊ROE(2)－0.14＊Tier 1比率(1)

米国：損失率＝2.1－0.229＊EGR(0)＋0.079＊ELR(1)＋0.039＊ROE(2)－0.13＊Tier 1比率(1)

欧州：損失率＝0.5－0.063＊EGR(0)＋0.011＊ELR(1)＋0.006＊ROE(2)－0.02＊Tier 1比率(1)

［観察］

① 切片：米国がスケールを含め最も大きく（高ROAのもとで）高損失率であることがわかる。

② EGR：日米欧ともに、経済成長率の低い期には、その期の損失率が悪化する。

③ ELR：米欧では、経済レバレッジ率が高まると１年後の損失率は高まる。日本ではその感応度が米の１割以下、欧州の３分の１くらいで、軽易。

④ ROE：米欧ではハイリターンとなると２期後に損失率が悪化する（特に米で顕著）。日本ではその傾向はない。

⑤ Tier 1：日米欧ともに、Tier 1比率が改善するような与信に慎重な経営となると１年後の損失率が

低下する。

上記の例は、2000年から2007年の欧米日の主要金融機関の貸倒損失額について分析したものだ。与信費用を貸倒償却と貸倒引当金繰入額の合計としてこれを総資産額で除したものを「損失率」と定義するとき、これが、①何かマクロ的な指標や、②マクロ的な指標と自行のなんらかの指標の比率と連動していないか、を時系列を通じて調べようというもので、ミクロ的なものだけをいくら精緻に管理してもとらえきれないリスクをみようというものだ。そこでのポイントは以下のとおりである。

欧米日ともに、金融機関の「損失率」は、共通して、①当期の「経済成長率」(名目GDP成長率) に連動するということがまずわかる。その年の経済がよくなれば損失率が減少し、悪化すれば損失率が上昇するという結果でわかりやすい。さらに興味深いのは、損失率の要因分析において、この経済成長率以外に、リスクアセットをその金融機関の本拠地の国の名目GDPで除したものが抽出されることだ。このリスクアセットを名目GDPで除したものというのは、ある意味で、経済に対して金融機関の規模がどの程度かをみるもので、上述のとおり、この金融危機に至る2000年代前半に大幅に増大したものであり、「経済レバレッジ率」と呼べるものだ。

そして結果は、欧米の金融機関においては、「損失率」が、②1期前の「経済レバレッジ率」に連動すると分析され、経済レバレッジ率が高まると、翌年の「損失率」が上昇することがわかる。これは、実体経済に対して金融比率が高まると損失が増大するというもので、まさしく上述の観測を裏付ける分析だ。ところが、日本の金融機関においてはこの連動はほとんどみられず、日本では金融バブルが問題となる状況ではないことの分析ともなろう。

このように、「損失率」は「経済成長率」や「経済レバレッジ率」といった①マクロ指標や②マクロ指標と自行の規模の比率に連動するわけだ。この分析結果は、ミクロのリスク把握のみからは捕捉できないリスクへの備えとして資本バッファをもつという銀行経営や金融規制への応用が期待される。

また、ここで重要なのは、「経済成長率」や「経済レバレッジ率」に対する「損失率」の連動性は、日米欧によって異なることがわかるのも特徴的だ。したがって、各国の経済の違いを無視した一律の金融規制への批判が高まっているが、この分析結果は批判の正当性を支持するものであろう。実体経済との関連を、意識的あるいは無意識のいずれにせよ、副次的なものとして捨象し、金融界のみを切り出してその発展性や健全性を維持するような経営や規制とすることは、最早、現実性を失っているといえる。これは、マクロ経済と金融監督が、別の当局であるという行政の枠組みへも疑問を投げかけるものだ。

新たなリスクに対応するために、まだまだ今後の分析に委ねなければならないが（文献(7)）、モデル構築には以下のことが論点となろう。

①　金融システム全体の資産価値変動をどうとらえるか

連鎖やスパイラル的なリスクを含めたマクロリスクを把握する必要があるが、金融システム全体の資産価値の代替変数をどうするかが、まず論点となる。候補として時価総額、信用費用(貸倒れ)、CDS等の指標がある。また、観測期間の検討も重要であり、今次金融危機（2000年代）だけか、さらに日本のバブル崩壊（90年代）も対象とするか、も重要なポイントだ。

②　個別金融機関への配賦をどうするか

次に金融システム全体で計測されるリスクを個別金融機関へ分解することが論点だが、要件として分解した合計が金融システム全体のリスクに合致し、かつ、適正自己資本の評価への応用が可能であることであり、モデル構築は容易ではない。

いずれにせよ、この新世代のリスク管理モデルは、これまでの前提条件が成立していないもとで構築することが求められ、たとえていうなら、非ユークリッド幾何のような存在だ。いくら精度をあげてもこれまでの理論では無理であり、ブレークスルーが必要で、物理学でいえばニュートン力学から量子力学へのパラダイムの変換が求められる時期といえよう。

2 金融規制の見直しに関する国際的動向

本項では、金融危機以降、矢継ぎ早に出された金融規制案について解説をする。いずれも金融危機再発防止や金融システムの安定をねらいとするものだが、なかなか決定打が出ない。なぜ、解決策となりえていないのかを含め金融機関のリスク管理実務とのかかわりから解説していく。

まず、金融危機後の最初に起こった大きな動きはG20首脳会議であり2009年4月（ロンドン）と9月（ピッツバーグ）において4項目が議論された。それは、①自己資本規制（BIS規制）の強化、②報酬慣行の改革、③店頭デリバティブ市場の改善、④マクロプルーデンスの取組強化、である。しかし、これらは、各国あるいは各国内の当局の思惑が交錯するものであった。

■ 金融規制の2つの流れ

そんななか、バーゼル委員会での自己資本規制強化と、米国の金融規制改革法いわゆるドッド＝フランク法は、具体化が進み2010年には大枠が決定された。まず、バーゼル委員会による自己資本規制強化だが、これは「バーゼルⅢ」と呼ばれるものであり、2009年12月に市中協議案が出され、2010年12月に最終案の合意となる。そのおもな内容は、銀行の自己資本について質・水準ともに向上を要請するものだ。

また、「米国金融規制改革法」は、2010年1月にオバマ政権において“ボルカールール”として議論が始まり、2010年7月にドッド＝フランク法として米国議会で審議され成立した。そのおもな内容は、銀行の業務に制限を課すものであり、バーゼル規制が資産に応じて最低限の資本を要求するが業務そのものを制限しないのと、大きく異なる性格のものだ。

■ その他のおもに欧州での議論

① 銀 行 税

危機時の政府負担額の回収と備えがねらいで、具体的には、負債に一定率で課税するものや、利益・報酬への活動税や、特別税も検討中である。

② 破綻時退出プロセス「リビングウイル」策定

新制度として検討されているもので、破綻時の再生・清算・処理の計画をあらかじめ策定することや、その一環で銀行債権保有者の損失負担の明確化を要請する。

(1) 自己資本規制の見直し（バーゼルⅢ）

自己資本規制の見直し（いわゆる「バーゼルⅢ」）について、少し詳しくみよう。今回の見直しは、一言でいえば、これまでのバーセル規制の方向性は変えず、いっそうの強化を推し進める内容だ。具体的に見直しのポイントは次の4点である。

①　資本の質と水準を向上

コアTier 1（狭義の中核的自己資本、普通株等Tier 1）を普通株＋内部留保等と定義して、Tier 1や現行の自己資本比率とともに一定水準を要請する。

②　プロシクリカリティ（景気変動増幅効果）を抑制

景気に応じて取崩し可能な資本バッファを要請する（景気により可変な調整を自己資本規制に置く）。

③　レバレッジ比率を抑える

補完的な役割としてレバレッジ比率（自己資本÷総資産）の規制を導入する。

④　リスクの捕捉を高める

カウンターパーティリスクの取扱強化等。

また、バーゼル委員会は、同時に、「流動性規制」の新規導入を提案した。具体的には「流動性カバレッジ比率（適格流動資産の保有の要請）」と「安定調達比率（運用調達のミスマッチの抑制）」２つの流動性指標を適用するというものだ。

ただ、10年近くも移行にかけるとのことだ。いい薬なら、すぐに服用を勧めるであろう。副作用のほうが大きいかもしれないと考えている証拠かもしれない。たとえばプロシクリカリティへの対応だ。そもそもの自己資本規制が安定化とは逆のベクトルをもつ規制で、景気変動を増幅させる。これをバッファで解消というのはいかにも苦しいのではないか。やはり自己資本規制はどこまでもバックワードでフォワードルッキングではないといえよう。

■ 具体的な見直し後のフォーミュラ

もう少し詳しく説明すると新たなフォーミュラは以下の図表３－１のとおりだ。３つも基準があるが、いずれもリスク・アセットが分母となっているのはこれまで同様である。危機の原因をつくった市場型金融のリスクについては、一部見直しがあるとはいえ、やはりアセットとして擬制しての算入であり、直

図表３－１　フォーミュラの見直し

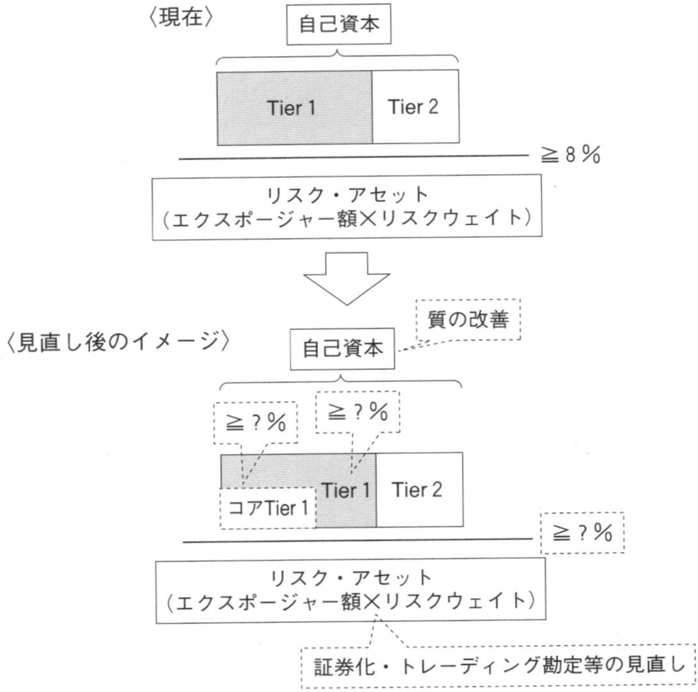

（出所）　金融庁ホームページより

接的な効き目は3つも基準があっても限定的といえよう。

一方、分子の自己資本に関しては3つの基準となったが、そのうち、コアTier 1（狭義の中核的自己資本）を普通株式と内部留保として、これに最低水準を設定することから、普通株の増資圧力が増し株式市場に大きな影響を与える。また他の金融機関とダブルギアリングに制限を加えることからその解消に伴う売り圧力や株主構成変化等を引き起こすことも考えられる。

■ 議論の進展（その1）

2010年になってバーゼル委員会は具体的決定を行う。まず2010年7月に公表した内容は、以下の3点だ。これらが、わが国にとってどう評価されるか、各国金融システムの相違が反映される枠組みとなったか、については見極めが必要といえるのではないか。

①**コアTier 1（狭義の中核的自己資本）**の定義を緩和し、繰延税金資産を普通株等の10％まで算入可能とし、また、他の金融機関への出資を普通株等の10％まで算入可能とする。ただし、上記2項目の合計は普通株等の15％までとした。

②**レバレッジ比率の最低基準**を提示し、オフバラ資産を含む全資産に対するTier 1の比率を最低3％にするとし、2017年までは移行期間とする、とした。

③**景気等に応じた資本バッファ**に関する市中協議を発表し、国内総生産GDPに対する貸出額の増減により資本の積増し・取崩しが決定されるとし具体的な運用は各国当局に委ねる、とし

た。

■ 議論の進展（その２）

また2010年９月に公表された内容は、資本の水準に関するもので以下の３点である。欧州不安が引き金で当初案より一部緩和されたといわれるが、引き続き高水準の要請だ。そしてやはり根拠もなく一律であり、貸出中心の金融に大きなマイナスとなり、信用創造力を弱めデフレを強めるのではないかと懸念される。要するにそもそものベクトルが反対ではないか。

①コアTier１（狭義の中核的自己資本）の比率は「７％」とした。内訳は、(i)最低水準は、2013年の「3.5％」より段階的に導入し、最終的に「4.5％」（2015年～）とする。(ii)保全バッファは、2016年の「0.625％」より段階的に導入し、最終的に「2.5％」（2019年～）とする。ただし、保全バッファは不足する場合、配当や賞与等の利益分配が抑制される。

②Tier１（中核自己資本）の比率は「8.5％」とした。内訳は、(i)最低水準は、2013年の「4.5％」より段階的に導入し、最終的に「６％」（2015年～）とする。(ii)保全バッファのアドオンは①と同様である。

③自己資本比率は「10.5％」とした。内訳は、(i)最低水準は、「８％」とする。(ii)保全バッファのアドオンは①と同様である。

なお、上記以外に景気等に応じた（＝“カウンターシクリカルな”）資本バッファが、「０～2.5％」とする、とされた。

■ 実施に向けてのタイムテーブル

バーセルⅢのタイムテーブルは図表3－2のとおりだが、これからの銀行融資、株式市場、実体経済にそれぞれどんな影響を与えるか、最大限の注視が必要である。10年かけて順に引き上げるスケジュールとなっているわけだが、経済と金融がグローバルに復興することが、このタイムテーブルの大前提ではないか。世界大手94行で2010年初時点では最終基準達成のために、5770億ユーロ（60兆円）が不足とレポートされている。これが実現できたとしても、同額が銀行資本としてロックされるわけだ。世界的な経済の回復がこれを可能とするほど見込めない、あるいは適用を継続すると世界経済がきわめて深刻な状況になることが想定されるならば、バーゼルⅢは迅速な見直しが不可欠ではないか。

■ バーゼルⅢは新たなリスクへの対応となるか

これまでみてきたように、金融危機を経て、新たなリスクへの対応が迫られるとともに、銀行自己資本規制上はバーゼルⅢが適用予定である。

これまでの統合リスク管理は、何度も述べてきたように、計量的にリスクを把握し必要資本を具備するという考え方であり、対象とするリスクカテゴリーは、信用リスク、市場リスク、オペリスクである。一方、規制としては、バーセルⅠならびにリスク計量を精緻なもので求めるバーゼルⅡであった。

そして、金融危機の前後より新たなリスク（マクロリスク）

図表3－2　バーゼルⅢのタイムテーブル

（すべての日付は１月１日時点）

	2011	12	13	14	15	16	17	18	19 1月1日
レバレッジ比率	監督上の モニタリング期間		試行期間　2013年１月１日～2017年１月１日 各銀行による開示開始　2015年１月１日					第一の柱への移行を視野	
普通株等Tier１最低水準			3.5%	4.0%	4.5%	4.5%	4.5%	4.5%	4.5%
資本保全バッファ						0.625%	1.25%	1.875%	2.5%
普通株等Tier１最低水準＋資本保全バッファ			3.5%	4.0%	4.5%	5.125%	5.75%	6.375%	7.0%
普通株等Tier１からの段階的控除（繰延税金資産、モーゲージ・サービシング・ライツおよび金融機関に対する出資を含む）				20%	40%	60%	80%	100%	100%
Tier１最低水準			4.5%	5.5%	6%	6%	6%	6%	6%
総資本最低水準			8.0%	8.0%	8.0%	8.0%	8.0%	8.0%	8.0%
総資本最低水準＋資本保全バッファ			8.0%	8.0%	8.0%	8.625%	9.25%	9.875%	10.5%
その他Tier１またはTier２に算入できなくなる資本のグランドファザリング			10年間（2013年１月１日開始）						
流動性カバレッジ比率（LCR）	観察期間開始				最低基準の導入				
安定調達比率（NSFR）		観察期間開始						最低基準の導入	

（出所）　金融庁ホームページより

が急に大きくなる。その特性は、①サブプライムローンや証券化商品で示現したように、これまで分散していたはずのリスクが連動して急拡大（テールが長い）し、前提が崩壊しこれまでの計量化の手法が使えない、②さらに、金融システム全体の状況に依存することから、単独の金融機関による把握が困難になってきている。1⑷で紹介した「マクロVaR」のような新たなかたちで把握されるリスクだ。

そして、この新たなリスクに対応するため、規制では、資本の質と水準引上要請がなされたと考えられる。バーゼルⅢをこう整理すると、新たなリスクへの資本配賦として一定の理解が可能だ。しかしながら、「引上げの水準がどう算定されたか不明」で「引上げが一律」という問題点が大きく残る内容でもあり、その結果、本質的にどういう効果があるのか、副作用がないのか、結局、わからないままであり新たなリスクへの対応として解決になっているかは不明だ。

バーゼル委員会が関係者だけの内輪のサークル化しているとすれば、自己否定もないままだ。私見だが、自己資本規制は強化ありきではなく、そもそもの目的から再検証が必要ではないか。後ほど、第5章でこの点に戻る。

⑵　米国の金融規制改革法（ボルカールール、ドッド＝フランク法）

バーゼルⅢはこれまでの規制を単に強化するものだが、それとは性格の異なる議論が、米国でボルカールールとして2010年

１月に始まる。預金を受け入れ、貸出をする銀行の役割を再確認するもので、公的資金等のセーフティネットの恩恵をもつ銀行にはその対価としてハイリスク投資に制限を受けるのは必然ではないか、という反省からスタートしている。

■ ボルカールールの提言

オバマ政権が2010年１月下旬に発表した金融規制案であり、「経済・市場を圧迫する」「資本主義に倫理を取り戻す」という両方の意見が当初からいわれる。事実、NYダウ平均はリーマンショック以来の下げであり、発表後、１月20日以降３日間で、552ドル（10,172ドル）の下げを記録した。一方、フランスのサルコジ大統領は「これで、欧州大陸と英米の差はなくなった」と歓迎の意を表明した。また、学者からはスティグリッツ米コロンビア大学教授が「商業銀行に過度のリスクをとらせない原則は重要。大きな前進だ」と発言している。ボルカールールの内容は以下のとおりである。

①　銀行の業務範囲の制限

対象は預金を受け入れる金融機関（銀行）であり、制限内容は、ヘッジファンドや未公開株のファンド（PEF）等の保有の禁止や、自己勘定による高リスク取引の禁止（顧客取引に制限）である。預金で調達した資金を使っての、リスクの高い投資を抑制するねらいとしている。

②　金融機関の規模の制限

対象は全金融機関（銀行、投資銀行）であり、制限内容は負債の市場シェアに制限を置くものだ。“Too big to fail” という状況をなくすことをねらいとしている。

■ グラス・スティーガル法の経緯

ボルカールールの提唱の背景にはグラス・スティーガル法の撤廃への反省の思いがある。グラス・スティーガル法は1933年に、株価大暴落（大恐慌）を経て制定されたもので銀行・証券業務の分離を定めた。そして、1980～90年代の市場の自由化や規制緩和の動きから、1999年についに撤廃され、2000年代の総合金融機関化が急加速する。そして2008年のリーマンショック（金融危機）につながってくるわけで、もう一度、金融に正規性を取り戻すという（「ニュー・ノーマル」）意思がボルカールールにある。

■ ドッド＝フランク法の成立

ボルカールールは、その後、議会での議論が進み最終的には2010年７月に成立した米国金融規制改革法（ドッド＝フランク法）となる。骨格は以下のとおりである。

①　銀行のハイリスク取引の制限

ヘッジファンドや未公開株（PEF）等の保有を中核自己資本（Tier 1）の３％までとし、また高リスクのデリバティブ取引を禁止（ヘッジ目的に制限、銀行本体への規制）する。

②　金融機関の救済の制限

公的資金を投入せず、円滑に破綻処理（Too big to failへの対応）することを盛り込む。ただし、モラルハザードの回避のための業界負担による財源は今後の検討課題とされた。

③　金融監督の強化

金融安定化監督評議会の創設（財務省・FRB・SECなど10省庁を軸に構成）、FRBが大手銀行・証券などを一元的に監督（ただし評議会が最終承認）、ヘッジファンドをSECへの登録制に（ただしFRBと監督の調整）、などが決められた。

2000ページを超える法案で、また細目を詰めるためさらに500あまりの規制を作成する必要があり、本書執筆時点では、具体的設計はこれからだ。

したがって、この段階で評価をするのはむずかしいが、ただ、これまでの自己資本規制では、いくら強化しても経済に逆効果ばかりで、健全性向上の本質論に近づかず、結局「10年適用延期」というような突飛な対応が出てきている。そんななかで、ボルカー的考え方はきわめて重要といえる。

邦銀はというと、ずっと商業銀行業務が主体のままだが、欧米金融機関の背中をみて、この20年間、市場型金融への移行を指向し、ようやく体制だけは証券会社を内部にもつところまできた。そんななかで、金融危機が起こり、さまざまな新規制案が出てきたわけだ。周回遅れで追いつこうとしていたさなかに、そのシステム自体が見直されようとしているわけで、"ボルカールール"は日本にとっても大きな含意をもつのではないか。

(3) さらなる金融規制強化の流れ

さらに、2010年後半から、金融安定化理事会（「FSB」：G20の監督当局や中央銀行で構成され、バーゼル（BIS）に本部）を中心にさらなる追加資本要請の議論が進んでいる。本書執筆段階では、引き続き詳細な検討が進められているが、実体経済や株式市場への影響はきわめて甚大なものであり、ここでその概略について触れることとする。考え方は以下のとおりだ。

金融機関を、「G-SIFI's（＝グローバルに活動し金融システム上重要な金融機関）」と、それ以外に2分類する。

次に「G-SIFI's」に分類される銀行には追加の自己資本を課すというもので、賦課の方法はバーゼル規制と同じリスクアセットの何％というやり方であり、ある意味でバーゼルⅢのサーチャージとなる。そのサーチャージの水準は、リスクアセットの1～2.5％とされている。

ねらいは、世界の金融システムにとり“Too big to fail”な金融機関に対して、救済が必要になる際のコストを外部からではなく内部化させておこうというものだ。

株式市場にはこの議論が開始されて以来すでに相当影響を与えている。2010年秋には、英紙の報道で日本の銀行は対象にならないのではとの観測が広まってから、邦銀の株価が急騰する局面があった。ただ、関係者の間では、追加の資本が不要なのはいいが、世界で活躍する金融機関のグループから外れ情報から疎外されるのではという懸念が強かったのも事実だ。

そもそもこの追加規制は、あくまでサーチャージであることから、バーゼルⅢと同じ問題がさらに先鋭化する可能性がある。今後、商業銀行部門の資産形成の資本コストのみを大きくすることも考えられ、かえって、ハイリスクだが資産計上が限定的な商品に傾く可能性がある。そして、そういった金融機関の救済となると、結局必要な資本具備がなされておらず、この枠組みが機能しないことも想定される。バーゼルⅢからさらにこの資本サーチャージへの動きは、いくらやってもその効果へ疑問が残ってしまうことから、規制強化のスパイラルになってしまっているのではないか。その一方で実体経済や株式市場への悪影響が懸念されているわけで、いまこそ、資産に資本を課す仕組みに固執することからの脱却が必要ではないか。

（注）　2011年7月19日、金融安定理事会（FSB）とバーゼル銀行監督委員会（BCBS）は、市中協議文書（Global systemically important banks: Assessment methodology and the additional loss absorbency requirement）を公表した。グローバルなシステム上重要な銀行（G–SIBs）への追加的な資本賦課として、自己資本比率に1％から最大2.5％の4段階のサーチャージを課すことが、その柱である。そして、同年11月のG20首脳会議（仏カンヌサミット）に報告され了承を得る運びと報道された。対象は、世界28社で社名は公表されていないが日本からも3行が含まれるも見込みであり、2016～2019年にかけて段階的に施行されるとのことである。なお、資本サーチャージが金融システムに及ぼす効果とその限界については、週刊金融財政事情（2011年9月19日号）の前野義晴氏の論文にネットワーク理論を用いた実証研究がなされている。本書第3章のマクロリスク分析の1つの有効な方向となるものであり、ご参照いただきたい。

また、このサーチャージにより「経営転換迫る、邦銀には収益力向上が課題」という報道記事がある。たしかに、上記で述べたように、商業銀行部門には直接追加要請される資本がふえることからここを圧縮して、リスク・アセットへの算入が擬制的である市場型金融に収益源を求めるような経営に転換していくことが想像される。ただ、報道記事のように、無邪気にこういう経営転換を進めていいものだろうか。というのは、このような転換は、第2章3(2)で論じたように、もともとBIS規制導入が一因となった現象でもあり、その結果もたらされた市場型金融の肥大化が金融危機の引き金となったわけだ。金融危機への対応のはずがまた同じ道となりうる。

実施まで時間があるとすると、その効果と副作用について十分な事前検証が続けられることが望まれる。本書の第5章では、金融規制の将来のあり方について、そもそもに立ち返り考察をしたい。

現代を読み解く鍵③

数学と金融工学

本コラムでは、数学と前提（あるいは公理）について、そして、数学の効能について紙面を頂戴することにしたい。

まず、卑近な例から始める。中学に入り、算数から数学と呼び方が変わって登場するのが、変数Ｘだ。そして、もう１つが図形の問題（紀元前のギリシャで完成したユークリッド幾何）であり、「三角形の内角の和は180度であることを証明せよ」というような証明問題が出るようになる。

また、ある角度を求めよという問題があっても分度器を使ってはいけないとされる。ある生徒に教えていた時の思い出であるが、その生徒は分度器をあてればすぐわかることをなぜダメだといわれるかがどうしても理解できずに苦労したことがある。そして、最後にその生徒は残念なことに「試験に分度器が持ち込み不可」だからダメだと勝手に思い込んでしまった。

算式においての変数Ｘの導入にしても、図形において演繹して角度を求めたり証明したりすることにしても、数学の本質である抽象化がそこにはある。こうすることで、普遍性を獲得するわけだ。ここに数学のおもしろさがあり、冒頭述べたように中学に入っての最初の数学の洗礼がある。

そしてある前提（あるいは公理）のもとで、ピタゴラスの定理が証明されたとするともう一度計算することはなく結果を使うことができ、さらにその先の定理を導くことができる。つまり発展するわけだ。

さらに、前提（あるいは公理）を替えると別の理論となる。

数学の本質は自由にある、といったのは、集合論を始めたカントールだ。平行線は一本だけ存在するという公理を替えてみて、非ユークリッド幾何が発展した。その1つとして、19世紀にリーマンが創成したリーマン幾何があり、20世紀のアインシュタインの相対性理論の基礎をなす。

平行線が二本あるという理論をやっているなど、「仕分け」をしているのが提灯持ちエコノミストなら研究中止の判定をしそうだ。そんなものに税金を使う価値があるのか、何の役に立つのかというであろう。

ところが、明治の数学者の高木貞治は、「世に要なし」と「余に要なし」は異なると述べている。言いえて妙である。多くの人にとり「余に要なし」と感じられても「世に要なし」ではなく、学問の進歩をとめてはならないということだ。

一方、金融工学だが、筆者はいまでもその本質を理解できているとは言いがたい。ここでも高木貞治の言葉を借りると、計算家というと聞こえがいいが、計算狂、あるいは職業的ということで計算屋というのがいいかもしれないが、そういう専門集団が目前のデータを計算して、そのデータだけに通じる何やら結果を導く。どこまでが前提であったか、筆者には判然とせず、たとえば、トレーダーやリスク管理部門やひいては経営や当局のために都合のいいところだけを断片化しているとみえることがある。第3章でも触れたが、金融工学が都合のいいように誤用されないよう、前提をはっきりさせて適用可能範囲を示すべきだ。そして、前提を替えた場合、どんな新理論となるかを開拓していくべきだろう。でなければこの分野の未来はないと言い切れるのではないか。

ここで誤解のないように付言すると、数学というのは抽象化だけで進歩するものではない。ほとんどは、具体的計算の積重ねだ。もちろん、抽象化することでみえてくる真理もあるが、大抵は計算例から一般的真理を推察して、最後に抽象化をして演繹することが多い。したがって、計算はやみくもにするのではなく「ヒューリスティック」である必要はあるが、あくまで計算が真理の発見の基礎にある。こんなことを記したのは、筆者は計算を否定しているわけではないことを強調したいからだ。それで思い出されるのが、本書にたびたび登場するスイスの町、バーゼルで生まれた18世紀の大数学者オイラーのことだ。彼は、現代数学のあらゆる分野の基礎を築き、その仕事の全貌がいまだに尽くせないほど豊かな研究をした。そして78歳で天寿を全うするまで衰えることなく常に優れた数学の成果をあげ続けたが、息をひきとる瞬間まで計算をやめなかったと語り継がれている（最期はある惑星の軌道を計算していた）。彼の業績を生み出す源泉はこの豊富な計算にあったといえよう。

さて、観測データや計算例と、理論の演繹の関係について、違う事例でみよう。ニュートンのりんごの話をご存知であろう。りんごが木から落ちるのをみて万有引力の法則を発見したことになっている。だがこれは正確ではない。本当は、「りんごは木から落ちる、しかるに月はなぜ落ちてこないのか」ということから、ニュートンは距離の２乗に反比例する万有引力の法則を導く。

普遍性は物事の一面からでは得られないことが多い。逆にいえば、ある局面のみを説明する理屈を「実務的」ということで使用する場合は最大限の注意が必要だ。というのは、無意識にその局面を超えて使用するようになることがある。またさらにひどいのは、立場を有利に運ぶため、その理屈を使用できないことがわかっているところまで準用する、あるいは準用させられる場面だ。勇気をもってその局面では使えないことが主張されなければならない。理屈に限界があることを主張するのは不名誉でも何でもなく、その先の発展を促すものである。

第4章 リスク管理体制の点検と再構築（直ちに着手が必要な事項）

―震災をふまえて見直しが必要なリスク管理とは―

1 リスク管理の罠の再認識（天災と人災）

本項では東日本大震災で共通して露呈してきたリスク管理の罠について分析し、リスク管理への認識を新たにしたい。この震災では、数多くのリスク管理が実際には機能せず、結果的には、安全神話が崩壊した。そもそもなぜリスク管理が完璧で安全性が常に確保されるというようなことを信じるようになったのであろうか。そこには、共通した落とし穴があり、それは、この震災に限らず、さまざまなところでみられるものだが、この震災でそれが大規模に示現したといえる。詳しく、どのようにして罠に陥るかをみよう。

まず、リスク管理の本来の姿を振り返ると、①最悪のシナリオを想定する、ことから始まる。そして、②そのシナリオの実現時に必要な財務的資源（資本等）や体制を具備する、あるいはそのための準備を行うことになる。また、シナリオは固定的なものではなく、③経営レベルで定期的にシナリオを改定する、ことが肝要だ。

ところが現実には、想定される最悪のシナリオに備えるためには追加の対応が必要となる。それも相当規模の手当を必要として経営を圧迫すると考え、さらに、そのリスクの発生頻度が低いことから、まず起こらないだろうと「たか」をくくる。ある意味で問題を先送りするわけだ。そして、目先の効率性・収益性を安全性より優位に置くという経営となる。それでも、リスクが発現しないときは、利益だけがあがり、効率的なよい経営とみえる。

そして、ここからさらに、シナリオの想定を変えて、いまの現実で対応できる範囲のシナリオをつくりだすようになる。「逆引きリスク想定」といえるようなものであり陥穽に入っているといえよう。

そして、ここまでしかいまの備えでは耐えられないこのシナリオを想定最悪としてリスク管理の枠組みを再構成するようになる。そうすると、あたかも、「最悪」の事態にしっかりと備えのある体制ということが、書類上できあがることになる。「無謬神話」や「安全神話」が形成されるわけだ。そしてひどいことに、もともと想定していた本当のシナリオがあることが忘れられ、あたかもこの逆算されたシナリオだけが正当なものとなり、これが常態化された姿となる。

その結果、本当に最悪のシナリオが示現すると、あたかも想定外が起こり対応不可となってしまうわけだ。これは、もはや天災ではなく人災ともいえるものであり、リスク管理の罠だ。いま一度、この罠に陥っていないか早急に点検する必要があろう。

2 ALM体制の再構築

本項では、1で解説したリスク管理の罠をALM体制で検証しALMの再構築のポイントを述べる。

(1) ALM体制のレビュー

まず、ALMの基本をいま一度レビューしよう。10年以上前に確立した考え方であるが、いまなお、十分有効性をもつ体制である。的確なリスク管理を可能とし、またさまざまな経営環境にも収益確保できるようなものであり、有価証券を含む資産負債ならびにヘッジ取引を含めた全体の金利リスクを対象とするものだ。

ここで、ALMの3つのポイントを再確認すると、①「**損益把握の徹底**」がある。その内訳は、まずは財務損益を把握し計画を立てて管理することである。そして同じくらい重要なものとして、評価損益も把握し損失限度の管理をすることがある。

さらに、次のポイントは、②「**ポジションの機動的管理**」である。これは、金利リスクをBPV（ベーシス・ポイント・バリュー）でポジション把握することに始まる。そしてBPVの極度を設定してその範囲内で機動的に運用することだ。

最後のポイントは、③「**ストレステストの実施**」がある。さまざまなシナリオを想定して損失額の可能性を把握し対応することだ。

■ リスク管理への要請

そしてALM体制を有効にするためにリスク管理に要請されることだが、まずは、リスク管理方針の制定がある。毎期初に最高意思決定機関である取締役会での決議が不可欠だ。そこには、リスク資本から評価損益の損失限度額やBPVの極度が定められている必要がある。さらに、ストレステスト要領もそこであらかじめ定められていることも重要である。期中に経営にとり都合が悪くなったからといってやめてはならないということである。

そして、報告体制だが、これも日次でのリスク報告は条件だ。毎日、遵守状況を経営会議役員へ報告することで、超過したときも「悪い報告」だから解決してからというような躊躇をすることなく伝わる。メール等のレポートで十分だ。

■ 経営管理への要請

さらにALMが機能するために、経営管理への要請もある。まずは、経営計画においてALMによる財務損益の計画策定をすることだ。資産負債の計画や金利環境をふまえて立案されるものであり、資産形成が進まない場合、国債等による運用造出も検討するというような柔軟性も必要だ。また、組織としては、ALMの運用責任部署の明確化が必要だ。計画の実行部署としての組織化が不可欠であり、これには同時に独立したリスク管理部署の設置が必要となることをここで申し上げておく。

さて、これらのALMの運営のケーススタディを以下にまとめる。複雑になっていくALMであるが、その基本形は変わらない。

【事例研究】 具体的な運用

［損益管理］

	4月末	5月末	年度計画	達成率
財務損益	1.2億円	2.0億円	20億円	10%
	4月末	5月末	損失限度	遵守
評価損益	▲8億円	▲7億円	▲30億円	OK

［ポジション管理］

	4月末	5月末	極度	遵守
BPV	0.7億円	0.5億円	1億円	OK

［ストレステスト］

10年国債の利回りが2.0%となるシナリオでの評価損▲70億円（→リスク資本極度の範囲内でありOK）

［リスクの限度］……期初のリスク管理方針で取締役会決定

・ALMのリスク資本極度130億円（資本500億より配賦、ROE 15%≒財務損益年度計画20億円÷130億円）

・この範囲内で評価損失限度30億円、BPV極度1億円を設

定

(根拠)99％ 1 day最大変動幅 6 bp（過去データより算出）

1 day VaR極度は、1億円×6＝6億円

1年換算は、6億円×$\sqrt{250}$＝95億円

したがって、95億円＋30億円＝125億円＜130億円

［ポジション（ヘッジ）方針］

・財務損益は、計画比達成率が10％であり、2カ月経過で不芳

・評価損も限度対比余裕あり

・ポジションも4月時点より（資産が伸びず）減少傾向（0.7→0.5億円）

・経済環境は、当面、金利上昇の可能性が薄い

［方針］……月次ALM委での決定

① ヘッジのスワップの反対取引または国債購入により、BPVで0.3億円の新規ポジション造出。たとえば、10年国債を300億円購入（300億円×10年×1 bp＝0.3億円）。

② ただし、評価損が▲15億円を超えれば、この新規ポジションの造出は見合わせる。

【事例研究】 ALM体制を構築する際に必要な整備事項

金利自由化が始まってそんなに年が経過しない90年代初頭、邦銀のALMといえば、基本的に長期運用・短期調達

の構造を金利スワップでヘッジするのがおもな内容であった。そして、ヘッジ比率を金利見通しからどの程度とするかがALM委員会で議論された。

そこには、上述のようなALMとしてどれだけの損得があるかの「財務損益」の把握もなく、また時価評価をしての「評価損益」や「BPV」もよくわからないという状態であった。したがって、ヘッジ比率を決めたとしても、その効果を評価することもできず責任もあいまいなままであった。

そこで90年代半ばに、ALM体制が構築され、①「損益把握」が財務損益と評価損益でなされ、②「ポジション」がBPVで把握され、③「ストレステスト」が実施されるようになる。ただ、そのために、整備を進めなければならなかったのが以下の事項である。

まずは「仕切りレート」の導入だ。これは国内営業部門の収益管理をも変えるものだ。また、技術的には商品ごとに設定が必要でありシステム対応も大掛かりとなる。

また、もう1つの整備事項は、期日の定めのない資金の期日の設定であり、特にポーションの大きい流動性預金のコア預金性の分析だ。コア預金は、第2章3(6)で触れたように、銀行のビジネスモデルによりまったく異なる構造をもつ。たとえば、支店網をしっかりもちリテール預金の多いところはコア預金が多くコストはかかるが安定的だ。一方、市場からの銀行間取引に依存するところは、効率的な調達だがコア預金比率が低い。いずれにせよ、コア預金の割合やその滞留期間の評価が不可欠となる。これは、金額が大きく、その評価結果により長期運用ポジションの創出許容度にも甚大な影響を与え、リスクの評価やうべかりし利益に大きな違いをもたらす。低金利が続くなか、各金融機関ともこの概念を取り入れているであろうが、金利が動き出すとここが大きく変化するおそれもあり定期的に検証する体制が不可欠だ。これについては、(3)の緊急時対応で触れたい。

(2) ストレステストの実効性確保

自己資本をベースとするリスクコントロールの枠組みにおいて、前項のリスク管理の罠を紹介する。特に、ストレステストの不十分さによる問題がALMに与える意味を検討し、ALMの見直しを考える。

① 想定最大シナリオの点検

ALMのリスク管理は、(1)で解説したとおり自己資本をベースとして、リスクをコントロールする枠組みとなっている。

本来の姿では「想定最大シナリオ」が実現した場合のリスク資本をリスク資本極度としてこれに自己資本を割り当てる（資本配賦）となる。ところが、そこから定まるリスク資本極度が自己資本の範囲内であるように逆算されたものとなっていないか。つまり想定シナリオをあえて現状の資本で可能なものに改変して人為的なストレステストを行っていないかを点検する必要がある。

よくみられるのは、たしかに初めは想定したが、現実的には、そのシナリオが示現した場合には自己資本が不足するので、そんな事態は発生しないとするものだ。これでリスク管理の枠組みをつくれば、いったんすべてが整合してみえ、経営としても予定調和となる。そしてもし起こると「想定外」という説明をすることになる。しかしいうまでもなく、これではリスク管理は完全に形骸化している。

②　機動的シナリオの点検

機動的シナリオに対するストレステストにおいても、シナリオの特定の段階で、想定はされるがそのシナリオだと対応規定に抵触してポジション圧縮を迫られるような場合、シナリオを意図的に軽くすることはないか。特に、実際に発生するまではそのシナリオを対象として認定していなくともなんら咎められないことから問題がみえてこない。機動的シナリオにおいても、その特定が形骸化していないかの点検が不可欠である。

③　ALM見直し

上記①②のストレステストの不十分さによる問題が発見された場合のALM見直しを次に考える。

①において経営として考える最悪シナリオを確認し、そのシナリオ実現時に自己資本が不足するならば、結論はシンプルだ。自己資本増強かALMポジション縮小しかない。リスク資

本極度として割り当てる自己資本がないわけだから、資本調達してくるか、もしくは、リスクを減らすべくポジションを縮小することになる。ただ、いずれの選択肢も利益にはマイナスだ。資本調達をすると当然資本コストがかさむわけだし、ポジションを縮小すればリターンは減ずる。しかし、想定しているシナリオへの備えがなければやむをえない。シナリオが示現してから「想定外」というのでは結局逃避の経営といわざるをえない。

また、②においても、そのシナリオ実現時に規定に抵触するならば、やはり、コストがかかったり収益が下がるとしてもリスクを減ずる対応をすることだ。

このようなALMの見直しこそが、第１章１(1)で述べた「リスクアピタイト」経営の原則にのっとった対応といえるものである。

(3)　緊急時体制移行の包括的な仕掛けづくり（コア預金比率のモニターとトリガー設定）

もう１点、ALMにおいてリスク管理の罠に陥らないためのポイントを述べる。もし安全神話のなかにいると、どんな状態でも通常の組織体制でALM運営ができると考えてしまうのではないか。ところが、さまざまな環境の急変がありえ、特に、未曾有の金融危機、震災、累積財政赤字などの環境下で、特別の金利変動や市場流動性の枯渇がありうる。その場合、執行権限が、的確なALM運営ができるように設定されている必要がある。このあたりの仕掛けづくりについて以下で紹介する。

まず、①明確でなければならないのが、ALM緊急時と認定するトリガーであり、特に忘れられがちだが、21世紀の経済環境化で重要なのは、相関関係等の脆弱なパラメータの変動のトリガーだ。たとえば、ALMにおいて効率性のために組み込まれた分散効果を算入するためのパラメータだ。第３章１で詳しくみたように理論の前提が崩壊することがあり、これをトリガーとする緊急時体制をつくる必要がある。

そして常識的だが、②相場変動のトリガーも世界的にもきわめて膨大となっている国債残高の状況のなかで特に重要性を増している。

さらに、③トリガー抵触時の対応規定の制定があり、これを明確にして後手に回ることを回避することも重要だ。

もう少し、これらを詳しくみる。まず①の相関関係だが、ALMのリスク測定には、相関関係を算定して、分散効果を織り込んでいる。これは平常時には問題ないが緊急時には崩壊することがあり、相殺されていたリスクが急に相乗することがある。したがって、この崩壊をトリガーとして明確化することが肝要だ。

また、②の相場変動だが、金融危機以降、リスクの集中とそれに伴う市場変動急変が示現しやすくなっており、一方で国債保有による金利リスクがALMに集積する構造が強まっている。そんななか、急変時の機動的運用が不可欠であり、トリガー化される必要がある。

また、その一環ではあるが、(1)の事例研究「ALM体制を構築する際に必要な整備事項」で紹介したコア預金の比率や滞留評価期間は、超低金利から金利が上昇しはじめる過程のなかで大きく変動するパラメータと想定され、このパラメータをモニター対象とし変動をトリガーとして設定しておくことの重要性は特筆されるものだ。

というのは、わが国は、第2章3(6)で触れたように10年以上の間、超低金利が続き銀行に流動性預金が積み上がっている状況だ。これを、銀行ALMでは、金利リスクの把握において計算上、コア預金として長期調達とみなす。そうすると、その見合いとして長期運用がさらに可能となり国債投資を増加させるという構造が続いてきたわけだ。ところが、金利がいったん上昇しはじめると、国債投資に損失が発生するのみならず、計算上、長期調達としていたコア預金がより金利の高いところに預替えを始め急減少することになり金利リスクが急に示現することとなる。したがって、計算上のコア預金を決めている比率等の変動については、この財政環境においてリスク管理上、最大限の注視が必要な指標の1つであり、また、トリガーを決めて変動が大きくなれば緊急時として対応することが要請されよう。

最後に③の対応規定だが、権限の集約と委譲の仕組みといえる。また起こってから決定するのでは間に合わず、直ちに発動できるよう、あらかじめ取締役会等決議しておくことも不可欠

だ。そして、演習などの実地訓練も含めて周知徹底を図ること
が仕掛けに魂を入れることになる。

3 オペリスク管理体制の高度化の展開

(1) BCP（業務継続計画）のリスク評価

本項では、業務の障害を管理するはずのオペリスク管理が罠に陥っていないかの点検項目をまとめる。

震災後、業務継続計画の重要性が再認識されている。その一方で業務継続計画やバックアップセンターがあったにもかかわらず、それが稼働しなかったことが多く、問題を根深いものにしている。これもリスク管理の罠の一種だ。その先のことを考えるととても大変なのでその必要がないと思考停止していた可能性がある。業務継続計画は、単に立てるのみならずその先に実効性をもつかを常時評価することが重要だ。そのために業務継続計画（以下BCP）を実行するに際してのリスクを評価することがポイントとなる。

では、このリスク評価方法だが、まずBCPの策定のポイントをレビューする。BCPにおいて最も重要なのは優先業務の選定である。震災等において、公共性や社会的要請から継続が必要な業務を選定する。優先業務のなかでもさらにカテゴリー分けをし、直ちに復旧を要するものからある程度時間の猶予があるものに分類することになる。

次に優先業務の執行に必要な準備を行うわけだが、人的・物的・財務的、等の各面で備えを行うことになる。

そこで、こうやって策定されたBCPをどうやってリスク評価するかだが、定量的にリスク把握することがベースだ。そのためにまず、優先業務を遂行するに際して障害が起こる可能性を過去データもふまえ発生確率で把握することがポイントとなる。どんな業務でもいつも正常に執行できるわけではなく、その障害の可能性を客観的に把握することが大切だ。また、同業務の取扱件数や取扱金額の大きさを加味することも同様に重要だ。これらが大きいと正常に執行できない場合のインパクトが大きくなるからだ。ある意味で、オペリスクの計量化をBCPの優先業務に適用しオペリスク管理体制の高度化を展開することにほかならない。

こうすることで、BCPが有効に稼働するかが見極められ、重大なリスクがある優先業務に対してはリスク軽減の対応をして平時に問題解決をしておくことができる。事態が起こってから立ち上がりませんでしたということは、どうしても防がなければならない。

(2) 地震等のリスクへの経営資源の備え

リスク管理の罠とそれへの対応の最後として、もう１点述べる。これは、オペリスクの管理の高度化を超えたものかもしれないが、経営の方針として、地震リスクにどの程度の経営資源を備えるかについてだ。

まず、地震に伴い経営に与える影響をあらゆる観点から検証し網羅的なシナリオを創出することが重要だ。短期的な事象から長期的なものまで含め、またオペリスクの損失の概念より広範とし、うべかりし利益の消失も対象にすることはいうまでもない。これが平時に検討されるべきだ。

そして、そこから発生する損失への備えとしての資本は、通常の業務上のリスク資本（信用・市場・オペ）とは別段のとりおきとされるべきである。というのは、地震リスクはどのような業務環境であるかと無関係に発生するものであり、融通できない性格であることからで別段管理が不可欠といえる。

さらに、最も重要なのは、どこまでの規模の地震を見込むかについての判断だ。これは、一律に答えがあるわけではなく、あくまで全社方針として高度な経営判断となる。その規模まで見込むということは、それに見合う資本等の備えをするわけで、業務への制約も起こる。言い換えれば、安全性と効率性のバランスが大切とよくいわれるが、バランスするところが一律に決まっているわけではなく、経営が自ら判断しなければならないということだ。本書の冒頭の第１章で述べた、統合リスク管理「３つの理念」のうちのリスクアピタイトの決定にほかならない。

最後にこの経営判断を開示することが今後は求められてくるであろう。これからの市場は効率性が高いだけが判断材料ではなく、多様なステーク・ホルダーに応えるための企業努力として、このリスクアピタイトの決定とそれに沿った資本の備えの開示が、今後は不可欠になろう。

現代を読み解く鍵④

金融の儲けと報酬

本コラムは、少し趣向を変えて金融がこれまでどうみられてきたかを紹介したい。そこには「蔑まれてきた金融（トクヴィル）の歴史」がある。

金利は、洋の東西を問わず、元本の何％という計算となる（イスラムは違うが）。比であり、掛け算だ。したがって、金融における利益も報酬も、元本に対して掛け算である。ところが、労働量で考えると、元本が2倍になり金融業の利益や報酬が2倍になったとしても、労働量は2倍とならないし時間も2倍かからない。ところが、農業や製造業といった大抵の仕事は2倍もうけようと思うと2倍の労働量であり時間が2倍かかる。もし、それを縮めようとすると、労働生産性を高める努力をするわけだ。ところが、金融で元本を2倍にするのは顧客のほうであり、金融業の労働生産性を高める工夫は不要だ。

もう1つ、銀行がいちばん儲かるのは休日という話がある。一定の利鞘は何もしなくても入ってくる。かえって余計なコストが不要な休日がいちばんだ、というわけだ。

こういう性格から、実は反社会的勢力も、闇ではあるが金融業を営むことがある。また、貸出以外の金融として市場取引があるが、反社会的勢力においても賭博場開帳は大きな収益源だ。

そういえば、20年余前のことだが、FRA（Forward Rate Agreement、金利先渡取引）について、賭博ではないかという議論が当局で真剣になされていたのを思い出す。また、当時の経営者からの発言で、デリバティブはゼロサムでありその存在価値はどこにあるのか、という疑問があったのを思い出す。

金融業というのは、歴史的にシャイロックを持ち出すまでもなく、強欲さだけの存在とされがちだった。自動車産業は自動車をつくり儲ける、では、金融業は何の貢献をして儲けているのか。

金融が単なる闇金融や賭博と異なり正当化される根拠はどこにあるのだろうか。これは、ひとえに合法性を付与されているから（「お墨付きをもらっているから」）ではないか。

そうだとすると、金融に関する法規制には、その時点で何が金融の存在価値であり、そこから演繹して金融の利益や報酬はどうあるべきかを定めることが求められるだろう。その結果として、配当等の外部流出可能性や報酬について一般事業法人より法により制限を受けることも当然あろう。

もう少し立ち返って、資本主義と法の関係だが、少なくとも資本主義を可能にするには、財産権を保障する法体系や発言の自由が必要だが、世界の相当多くの国でこれらが十分でないといわれる。これは、世界経済が資本主義化して成長しているとすれば基本のところでの不安材料だ。

幸いにもわが国には相応の法体系はあるであろう。ただ、わが国の立法には数年を要することが珍しくなく、訴訟にも時間を要するとの認識から、どちらかというと行政がその中心的な位置にあるのも事実だ。

しかしながら、もし「蔑まれてきた金融」を正当化するのが法規制だとすれば、その改廃を行政に委ねるのみならず、もう一度、金融を定める法規制について、本質的意義を確認し国民的議論を行うことが必要ではないか。そもそも、大きすぎる公権力関与のもとで資本主義は成立しない。

日本人は食生活においてはすでにかなり欧米化しているが、こと金融に関しては、市場型金融の欧米と商業銀行の日本とでは相当異なる。ところが、法規制については、肉食の欧米人と菜食の日本人が、グローバルスタンダードという理由で、輸入された同じ薬を処方されて、日本人だけが副作用でふらふらしているとすれば、これはおおいに問題であり、法が金融にとって本質であればあるほど国家特性に適合したものにしていくことが望まれよう。

ここで、金融の法規制について、少し違う角度だが、本書のテーマであるリスクあるいは収益という観点からみてみよう。

簡単な命題だが、「収益性の高いことこそが良い経営である」と無邪気に言い切っていいか。本書でこれまで強調してきたように、リスクの特徴として何年も遅れて示現することがある。それゆえ、第１章では、リスク管理は「先憂後楽」の原則だと述べた。収益が長年にわたり出ていてその間リスクがまったくないようにみえても、相当遅れて危機的な状況が発生しうる。

こういう特性は、もちろん金融だけでなく航空会社でもそうだし、たとえば原子力発電では何十年も後にとてつもないリスクが示現することがある。目の前の効率性のためにこのようなリスクへの対策が犠牲になることがあってはならないのは明らかだ。ところが、足元の利益が出るような経営は、株主から評価される。さらにこのような企業をエコノミストは経済成長に資するという。そもそも、GDPによる経済成長の計測には、原子力発電のような数十年後に示現するリスクがあろうがなかろうがその要因が算入されない。したがって、GDP指標での経済成長を金科玉条に主張するエコノミストが多いとすると、そこに長年暮らし続ける国民には不幸だ。

では、このような何年も何十年も遅行性がありかつ社会的に甚大な影響を及ぼすようなリスクをもつ私企業にはどんなことが求められるか。私企業の経営における価値判断基準がどうしても目前の利益になるのは、ステーク・ホルダーの構成からして当然であり、したがって、ここに、法規制による制限が課せられて自然ではないか。ただ、どこまでリスクを抑え込むかは、社会コストとの兼ね合いとなる。たとえば、本書の冒頭に記したように、原子力問題は国民にとって最も重大なリスクの1つであり、原子力を用いればいくらコストが下がるとはいえ国家レベルで使用可否を決める性格のものだろう。金融についても、国民経済への影響やリスクの甚大さからして、どこまでのリスクを金融機関に許容しコストを負担するかという大枠を定めることが必要ではないか。ある意味で、第1章の冒頭にリスク管理の理念として解説したリスクアピタイトの明確化を国家レベルで行うのが金融の法規制ともいえる。

残念なことに、卑近な話だが講演会などでも金融問題のテーマでは客がつかない、といわれる。国民の関心がないのか、かかわりたくないのか、金融は遠ざけられた存在だったことも事実だ。次の第5章では、そのなかで、できるだけ今後の議論につながるようなことが提起できればと考えて述べるつもりだ。

第5章 金融の将来に向けて

1 今後のリスク管理の3つの視点

20年あまり前の金利自由化や金融ビッグバン以降、日本においても、商業銀行型の金融に比して、市場型金融が、効率性と収益性向上の切り札として提唱され、欧米の主要行の背中をみて追いつこうとしてきた。しかし、本邦の金融システムは、市場型金融と商業型金融を対比しながらも、結局なかなか伝統的な金融から出ることはなかった。

そんななか、目標としていた金融ビジネスモデルは米国からいったん崩壊した。その結果、収益性向上のため、どこにイノベーションを求めるべきか、みえなくなってきているのではないか。また、リスク管理体制も、欧米の後を追って構築を進めてきたが、金融危機を経てその手法に疑問符がつけられ、やはり指針を失っているのではないか。

米国の公的資金はいち早く返済されているものの、欧州の財政問題もあり世界経済は明るいわけではなく、さらに日本においては、その経済の低迷が20年続いている。

本項では、これらをふまえながら、新世代の金融ビジネスには、いったい、どんなことが求められるかについて、特にリスク管理の視点で3点を述べる。ある意味で、これまでの第1章から第4章までのまとめに当たるものである（なお本項には、筆者が文献(4)に発表した内容の解説が含まれる）。

⑴　新興経済と成熟経済への資産配分とマクロリスク管理

2000年代初めの10年間の金融を振り返ると、日本では、邦銀の資産規模の総額はほとんど変わらず、ROE等の収益性においても改善はない。一方、欧米の主要な金融機関の特徴は総資産や純利益を２～３倍にこの10年間で拡大させている。そして、金融における人件費もその割合で大きくしている。

ところが、もちろん、欧米経済がこんな割合で大きくなってはいないわけで、米国でも2000年から2007年の間に1.4倍程度だ。中国や新興国の発展に伴うグローバル経済の不均衡と過剰流動性のもとで、米国と一部欧州で金融資産のみが急拡大した構造だ。つまり欧米では、金融セクターが実体経済に比して肥大化したわけだ。

結果的には、金融バブルであったわけだが、ここできわめて重要なことは、第３章１⑶で解説したように、各金融機関ともに、Tier 1 比率やROEといった健全性や収益性の指標を、危機の直前まで一定に維持しながら経営してきていることだ。少なくとも個別金融機関の経営レベルでは、急に健全性指標を落としたわけでも、収益率を高めたわけでもない。

そして2000年代の半ばというのは、いまからみると金融バブルが創出されていたわけだが、こういう指標をみる限り、健全で成長性があるということになり、時の政府当局もFRBもそして市場も、この状態の継続を支持することになったわけだ。

つまり、逆にいうと、単純に、個別金融機関の自己資本比率だけで制御しても、金融危機を抑止することが無理なことがわかる。

ただ、金融規制をめぐる議論は、第3章でみたようにいくつかの成案が出てきているが、残念なことにあまり深まっていないのではないか。また、リスク管理についても、新たなリスクへの対応ができているとは言いがたい。

この先、もう一度、金融が暴走して金融界のみが多額の報酬を得て、経済が疲弊するという事態が想定されるが、相変わらず金融システムは無防備なままであり、金融ビジネスは「経済成長」と関係なく、自らの利益のみあげることをもくろむと予想される。したがって、ここで、そもそもの問題として、何のための金融かをいま一度議論すべきなのかもしれない。もし、現状の金融というものをそのままにしておけば、金融は経済成長を促すどころか、長期的に阻害するものなのかもしれないからだ。

■「ユーティリティ・バンク」という1つの選択肢

そこで1つの考え方として、たとえば、金融に、電力会社のような社会インフラという側面が他の側面よりも強調されるならば、圏内における安定的資金供給が何よりも第一義として問われるのかもしれない。ある意味で、「ユーティリティ・バンク」となることだ。これは単なる退行ということではない。本来の目的に合致させるためのものだ。ただ、これは、均質な経済においての解決だ。国内でも地域のみであれば、この発想は一定の妥当性をもつであろう。

しかし、都市部との関係においてや、さらに、グローバルな経済においては、金融は、均質ではない経済の間の血流としての役割を果たす必要がある。不幸なことに、金融危機前後のこの10年間においては、金融は、経済の血流としての役割を果たせず、バブルをつくりだし、経済後退をもたらすことになってしまった。

■ 新興経済と成熟経済への資産配分の機能

資金の流れでみてみると、中国が経済成長により日本を抜いて米国債の最大の保有者となり、一方、米国の金融機関は、その結果、米国債を値崩れすることなく売却して、リスクマネーとしての投資が可能となる。これは金融危機となり流動性が枯渇すると本来即流動可能資産となるべき国債をもはや保有していないという事態ともなる。他方、日本はというと、第２章で述べたとおり、銀行は日本国債の最大の保有者であり、銀行からリスクマネーに資金が還流されない。これは、銀行の最大のステーク・ホルダーがもし当局・政府であると考えれば至極当然な構造といえる。そして、「新興経済」に資金を流して成長戦略に資するということが不十分となるわけだ。

ここで、「新興経済」とは、新興国の経済に加え、欧米日のなかでもリスクは大きいが発展も期待できるものを幅広く指し、ニューマネー融資も新興経済への資金と考えられる。また、これと対比される概念は成熟経済であり、基幹産業等で大きな発展は望めないものの、その時点の一国経済の大半を占めるものを指し、大企業ならびに中小企業の双方を含む。

したがって、これらの考察から明らかになるのは、金融がもし複数の経済圏にまたがり活動してその相互の成長と安定の両方に資するものであるべきとするならば、将来において、①成熟経済や政策経済・国債といったものへの投資と、②新興経済やそこからの派生商品への投資、の双方に対して資金を供給し、その割合が一定範囲から逸脱しないような、金融ビジネスと金融システムが求められるのではないか。

そうすれば、従来産業や国債への投融資ばかりに傾斜して成長できない（これが日本の2000年代）こともなく、逆に、たとえばリスク商品への投資が過剰になり基盤となる経済を超えて金融バブルを創出する（これが、欧米の2000年代）こともなくなるのではないか。GDPの一定割合で次の新興経済を促し、かつ一定割合を超えての過剰資産を抑制するという考えだ。

■ 新興経済への資産配分とマクロリスク管理

この割合を、どうコントロールするかであるが、規制によるという考え方もあるだろうが、基本は金融機関の適切なリスク管理に基づく経営判断に委ねることであろう。では、このリスク管理とはどういうことであろうか。グローバルな資金の動きのなかで、第３章でみてきたように、一部のセクターに資金が集中して市場型金融における連鎖リスクと商業銀行が実体経済との間でもつスパイラルリスクが相互反応して「マクロリスク」として爆発的に増加した。そしてこれは、GDPの成長を大きく超えて金融が拡大したときに示現するわけであるから、逆にこのマクロリスクのコントロールは、金融資産のアロケーションにより可能となるわけだ。

つまり、金融ビジネスとリスク管理のやるべき方向性が一致する。そして、新興経済と成熟経済への適切な資産配分の機能は、金融が、均質ではない経済の間の血流としての役割を果たし、バブルをつくらずにデフレ問題を解決するヒントになるのではないか。

■ 日本国債のグローバル化

ただ、ここで、第2章で述べた日本の銀行の基本構造に戻るが、このような、新興経済と成熟経済へ適切な資産アロケーションをしてマクロリスク管理をするためには、日本においては、邦銀が抱える国債を売却して新興経済のリスクマネーに回すことにつながる。そこで問題になるのは、日本国債を邦銀が売却した場合にだれが保有するかである。

日本国債は2010年初においてその95%が国内で保有されている。海外からも厳しい目でみられているわけで、買い手がつかないと日本経済の回復どころか国自体が危うくなる。つまり、金融が活性化して信用創造力を高めるためにも、財政健全化の道筋を示して日本国債が海外を含むさまざまな投資家からみて投資魅力のあるものとなる必要があろう。これはきわめて重い問題であるが、避けては通れないのではないか。日本国債が海外で保有されるというのは、一見、日本の財政問題が海外からコントロールを受けるということで懸念する向きもあろうが、逆に日本だけが世界のなかで単独して衰退することを回避することにつながると考えるべきだ。

(2) ステーク・ホルダーの複線化とリスク管理のガバナンス確立

第2章で、邦銀の基本構造として、ステーク・ホルダーとしての株主権よる抑止が働きにくい構造にあることを紹介した。邦銀経営において、当局の強い関与があり公共性が強調され、ROEの向上といった収益性への意識が希薄となる要因となっているわけだ。

■ リスク管理のガバナンス

そこで、持合いの解消や普通株の増資により、議決権をもつ資本を増加させて、経営を複線化することが必要なのではないか。これは、従来の当局規制に対する受容的対応から脱却し、株主に対して、リスクと収益性に関する経営責任を明確化することに通じる。第2章で述べたようにリスク管理の形骸化は、規制対応と一体になることに起因することが多い。ステーク・ホルダーが複線化され、株主に対して責任を負うことで、リスク管理は、収益性とのかかわりでリスクアピタイトを明確にした運用が求められる。そしてそのためには自社の経営方針のもとのリスク管理ガバナンスが必要となるのではないか。

このような体制を構築して、金融セクターの収益性をあげさらにリスクマネーの循環を図ることは、日本経済の浮上に不可欠であろう。

(3) 経済活動に資する金融ビジネスと実効性あるリスク管理の構築

金融機関のこの20年史は、国内外ともに統合の歴史であった。今後とも、さらなる統合が進んでいくのであろうか。また、市場型金融と商業銀行業務はさらに融合していくのであろうか。

単なる巨大化の方向は、リスク間の相互反応を高め、もう一度、危機を招来し、また、バブルとデフレのサイクルを強める可能性がある。ツー・ビッグ・ツー・フェール（Too big to fail）な金融機関をつくりだし、ますます、このセクターにモラルハザードの問題を生み出す。

金融機関の機能は、経済活動における資金の仲介であり、経済の安定と成長と両方において資するものでなければ、市場から淘汰されるものだ。単なる金融の巨大化は、一時的な隆盛があってもリスクに対して共鳴が大きすぎてきわめて脆弱であり、経済の安定さを致命的に損なわせる。

欧米の金融機関においても、証券業務や保険業務まで拡大して成功した例はない。邦銀においても、いま、低収益と不安定の二重苦にあるが、これは、無反省な巨大化が招いた帰結であった可能性をもう一度検証することが必要ではないか。

たとえば、いくら金融機関が巨大化したからといって、飽和した経済圏において、無理な投資を造出しようとしてもバブルをつくりだすのみであり、また、市場から退場を迫られる企業の資金繰りを支援しても、不良債権を生み出すのみであり、金融機関のビジネスとしては限界がある。結局は、時間とともに問題が露呈する。

■ 拡大路線への反省と実効性あるリスク管理

わが国の金融機関の経営者は、規模の拡大をきわめて重要視してきた。他の銀行や証券会社、金融会社の買収におけるプライシングでも、デューデリジェンスで見積もられる価格レンジのなかでいちばん高いところをはじめから支持するのは経営者のほうだ。もし、自分のお金であるとか、合理的な経営なら、低いほうから交渉に入るのが普通であろう。大きくなることがあらゆることに優先するという考えだ。もっと卑近には、貸金の金利をぎりぎりまで引き下げてもシェアを取ることを優先することがある。規模拡大の前で一種の判断停止の経営といえる。

たしかに、高度成長期には、これで失敗することはなかったかもしれないが、現在ではとても当てはまらず、ここ20年の新規買収はその後の回収に苦戦しているのが現実ではないか。

本来の金融に期待されている機能というのは、伸びゆく経済圏や発展性のある企業を見出すことではなかったか。その原点を忘れていたずらに巨大化することは、結局、安定性と成長性の両方を失うことになろう。どのような金融ビジネスを構築するかの経営判断が迫られている。そして、そこには、合理的で実効性のあるリスク管理を経営が自ら実践することがいちばんの鍵となる。

（注）　リスク管理の点検と再構築（直ちに着手）

この項では、リスク管理の将来に向けて視点を、３点提起した。これら以外に、第４章で詳述したように、震災後、直ちに対応することが要請されている項目があり、これらはいずれも待ったなしであることからここに短く再録して上述の将来的なものと並べて読者の便に供したい。

まず、①リスク管理の罠についての再認識だ。リスクシナリオをもてる経営資源から逆算して予定調和と安全神話をつくりだしていないかの点検であり、以下の各項目のベースでもある。次にALM関連で２点あり、②本来、「想定最大シナリオ」が実現した場合のリスク資本をリスク資本極度としてこれに自己資本を割り当てる（資本配賦）となる。ところが、そこから定まるリスク資本極度が自己資本の範囲内であるように逆算されたものとなっていないか。さらに③緊急時への移行に関する包括的な仕掛けがALMでも整備されているか、の点検も金融危機と震災と未曾有の財政赤字で相場の急変があっても不思議ではない環境下で不可欠だ。また、オペリスク管理高度化の一環では、④業務継続計画BCPがせっかく策定されていてもそれが機能しなければ意味がないわけで、BCPのリスク評価とその結果高リスクとなったところへの障害対応ができているか、を点検することも求められる。そして、さらに経営レベルであるが、⑤地震リスクへ網羅的なシナリオを導出して、業務上の備えであるリスク資本極度の外で経営資源（自己資本）を備えているか、またその状況を開示しているか、が点検項目となろう。

2 金融規制見直しに内包する問題点とリスク管理

金融の将来を考察するに際して、きわめて重要なのが金融規制の見直しだ。金融危機後、規制の影響が高まっているが、各国や監督当局の思惑が交錯するものであり、そこから決して明確な金融の将来像がみえてくるとは言いがたい。本項では、いま一度、金融規制について、問題を再検証して再構築に際しての論点を整理し、そのうえでリスク管理への意味を浮かび上がらせたい（本項は文献(5)(6)で発表した内容に基づく解説を含む）。

(1) バーゼルⅢを例に規制の問題を再検証

複雑で晦渋になってきている自己資本規制（バーゼルⅢ）を例に金融規制見直しの再検証をする。第3章で紹介した最近の動向を問題点からまとめ直したものともいえる。

規制の目的が無反省に変貌してきていないか。銀行の業法において最低限の数値基準であった自己資本規制が、金融自由化のなかでツービッグとなった（公共性から破綻させえない）銀行を当局が直接監督するための規制に変貌してないか。逆に銀行には最低基準から「これを守れば十分」という基準に変質してないか（経営目標であり免責基準となってきていないか）。

規制の内容が過度に複雑になってきていないか。バーゼルⅢだけでも「7元連立方程式」（①コアTier 1 比率、②Tier 1 比率、③自己資本比率、④資本バッファ、⑤レバレッジ比率、⑥流動性カバレッジ比率、⑦安定調達比率）となっている。そこには合成の誤謬や規制アービトラージはないか（自己資本比率の分母には計上されないが高リスクな取引への傾斜をかえって促し、金融機関の健全性を脅かす結果とならならいか）。

規制の影響がネガティブに急拡大してきていないか。実体経済へ逆回転スパイラル誘発の性格を強める方向にないか。金融危機に関係のない融資に高い自己資本保有を要請し銀行の資産形成を貸金からさらに国債保有を促進する方向にないか（そのうえ、ハードリミットで剛性な規制であり全機関が一方向となる問題もきわめて重大）。(a)増資への圧力（分子）、(b)貸出の抑制（分母）、(c)商業銀行業務への圧迫、(d)長期適用猶予の副作用、など個別の論点への整理も不可欠だ。

規制の改廃プロセスが重度に裁量的になってきていないか。国際合意が先行して国内の詳細な検討の前になされるかたちに問題はないか。また、国内では自己資本規制は金融庁告示レベルで制定されてきたが、配当を制限できる等を含むバーゼルⅢを契機に金融規制をどのレベルで定めるかの基本権限を明確化する必要はないか。銀行全体の信用供与の上限を決める本規制を、銀行監督当局が所管することが適切かという問題もここには含まれる。

(2) 金融規制の再構築に際しての論点

上記(1)のバーゼルⅢに関する問題点の洗出しをふまえ、ここでは金融規制の再構築に際しての論点を整理する。

①　規制の目的

公共性が当該機関の存立の本質である金融機関に対して何が規制の目的となりうるか、たとえば「(銀行免許のための) 最低限の要請」の制定が規制の目的となりうるかについて、特に単独で業務継続が要請されている公共性の機関に対しここでは整理する。これらの機関に対して、規制が最低限の要請を課して業務を認可すると、その公共性を維持するために (または金融市場の安定のために)、規制を定めた国には継続的な監督と補償が不可避となり、結局、業務継続のための必要十分条件まで制定が必要となるが、金融規制の体系がこれを充足しているか。この点に関しては次の(3)で掘り下げる。

②　規制の内容

要請される数値基準が多数にまたがる場合、同時実現の可能性が検証されているか、また、同時実現ができなくなったときの項目ごとの優先劣後順位が明定できた体系となっているか (英国では「持株会社下で資本」の移動を一方通行とする考え方が議論されている)。

③　規制の影響

規制の副作用が明確になっているか、また、副作用を監視する体制や、副作用が昂じた場合の制御方法が定められた体系となっているか。

④　規制の改廃プロセス

裁量的にならないよう改廃権限が明確で、また国際合意をするに際しての国内での承認過程も明確化された法制度に金融規制の体系がなっているか。

ここで、バーゼルⅢとは離れるが、規制は強化すれば市場は安定するかということについて少し触れてみたい。いまは撤廃されているが、かつて為替の持高規制があり、銀行も為替ポジションを資産の一定割合までしか保有できなかった。そのころの円高対応としていまも記憶に残るのは、市中銀行に対して、米国債投資を持高規制の対象とせず、また、会計も低価法ではなく原価法を可能とするというものがあった。その結果、市中銀行には米国債投資への安心感が高まり、大幅なドル買いへと進んだ。規制を緩めるというメッセージが市場の安定に効果をもたらすこともあるという例だ。最近の規制強化こそが唯一の対策と考え、結果的に市場の収縮とさらには市場の不安定さを招いている最近の監督当局の対応とはおおいに異なる柔軟さがかつてはあったといえるのではないか。

(3) 金融の将来に向けての規制とリスク管理（公共性とツービッグ対応）

金融の将来に向けて、前述の(1)のバーゼルⅢの再検証や(2)の論点整理から、金融規制全般の総点検と再設計が期待される時期であることがおわかりいただけよう。

特にここでは、公共性へ傾斜し、またToo big to fail（ツー・ビッグ・ツー・フェール）となっているような、私企業としては特殊な状況にある金融機関に対する規制のあり方について考察をしてみたい。そして、そこから、経営としてどのようなリスクアピタイトをもちどのようなリスク管理をすることが帰結されるかを検討する。

■ Too big to failと規制の必要十分性

まず、金融機関等の公共性のある私企業に対する法規制については、一般の私企業へのそれとは異なる特別の議論を要するのではないか。そのなかでも、独占性が認められている電力やToo big to failな金融機関のタイプはことさら厄介だ（ここでToo big to failは規模以外にも広く社会的な事由から潰せない状態のことを指す）。というのは、複数の企業群の場合だとたとえ公共性があっても、規制は各企業には最小条件を課して、同時破綻することのみを監督すればいい。市場経済の活動への法は最小を原則とするという考えだ。

ところが、当該企業の事業の存続が要請されている場合、最後まで国が監督する必要がある。そうだとすると、規制は最小限ではすまなくて、初めから十分なレベルまで引き上げて監督すべきではないか。つまり、規制の目的は必要十分の水準を課すことになる。一例として、もし自己資本規制を引き続き銀行規制の中核とするならば、最低所要自己資本ではなくて、必要十分（あるいは適正）資本という規制になるのではないか。残念なことにいまのバーゼルⅢは、Too bigな銀行の存在を認識しながらも、引き続き最低所要資本というハードリミットのたてつけで規制をつくっている。すでに事実上、経営は自己資本比率を目標とする方向に変貌しており、規制の目的だけが最低要件のままでは、本質的な問題があるのではないか。

■ 規制の位置づけと株主責任の明確化

必要十分資本となると、逆に株主責任も明確になって、この基準を達成するために、希薄化を織り込んだ増資行動もありうる。ここで、法により、規制を遵守すればその後は免責されていることを謳えば国の責任領域がはっきりする。後になって、国が急に経営やその他のステーク・ホルダーに責任を追及することはなくなる。逆に株主責任も明確になり、必要十分基準を守るように希薄化を織り込んだ増資行動も可能となる。そうなってくると、「特に有利な発行」に関しても、このセクターに対しては別の基準を考えないといけないかもしれない。

■ Too big to failと資本市場の原則

特に問題となるのが、事業の継続において法的整理を前提とせず株式価値をゼロとしないとすると、資本市場の原則が成立しないことから、とんでもない金融商品が組成されることだ。ムービングストライクの転換権をもつ優先株はその一例であり、新規投資家に有利なのに、通常の資本市場の原則のもとで成立している理論価格からみると、いわゆる「特に有利な発行」とはならない。これは、米系の投資銀行が目をつけたところで、株価が下がるとどんどん転換株数がふえ、ところが無価値にならないのでいつまでも損とはならないというものだ。通常の市場での理論やルールでは制御できないという認識がまずは必要だ。

■ Too big to failの存在可否とセーフティネットの範囲

もちろんToo big to failをつくらないという議論はありうる。ただそのために金融機関を分割すれば重複する機能が出るし機動的な資金の融通もできず、社会全体では効率性が落ちる。金融は、この20年間統合を繰り返して無駄を落としてToo bigになったが、もう一度分割するとコストが発生するということになる。電力でも地域1社体制をやめ複数社を認めると、重複する機能が出てきて効率性が落ちるとされ、否定されてきた経緯にある。しかし、分散されることから供給の安定性は実は増すものだ。また経営の競争により効率性の向上を最終的にねらえる可能性はある。ただ、まずは重複により不効率が生まれることは否定できないだろう。

では、Too bigであることは是認するとして、どの事業範囲までが存続を守られるべきか。第1章で述べたようにリスク管理の基本の1つに「Exit基準の設定」がある。どこで合理的に手を引くかのルールであり損切りや極度管理がその典型だ。商業銀行は、自らのリスク管理により融資を実行してExitつまり回収を行うなかで、その行為全体において貸し手としての社会的責任を負う。逆にそれゆえ、セーフティネットで国から守られているわけで、公共性の表れだ。同様のことは、預金や決済という商業銀行の他の業務にもいえよう。ところが同じ企業内に、このような商業銀行業務とたとえば自己勘定取引があって後者はなんらの社会的責任も負わず、もっぱら自らの経営判断で実行したにもかかわらずToo big to failゆえ守られるとするとこれはモラルハザードだろう。

■ Too big to failへの規制内容（帰結1）

以上の考察の帰結として、金融機関に、社会的効率性からToo bigであることは許容するが、その場合、規制として、①事業を公共性のある商業銀行業務に制限する（ある意味でボルカールール）、②必要十分な自己資本を課す（事業が商業銀行に制限されたもとでの自己資本規制）、としてはどうか。

特に②に関しては、これまでの話で申し上げてきたとおり、すでに自己資本は邦銀メガバンクでは経営目標になっている。ROE目標は未達でも経営者は株主から首にされないが、自己資本比率は株主ではなく当局から首にされる。そして規制遵守が経営の最大の目標とすでになっていてこれがOKなら、極端なことをいえば、収益性つまりROEがどうであれ、経営は合格となっている。すでにわが国では事実としてそうなっているわけだ。

また、この枠組みにおいては、自己資本規制は相応の機能を果たすであろう。というのは、①で規定されるように、業務範囲が自己資本規制の本来の対象である商業銀行業務に限られることから、非商業銀行業務にまでこの規制を拡大使用した際に付きまとうさまざまな問題から解放されるからだ。したがって、この枠組みのもとでは、Too bigな金融機関における行内のリスク管理は、この規制への遵守が中核の１つとなろう（ただし、リスクアセットの計上方法がバーゼル規制と同じままであれば、行内リスク管理において、第１章3(6)のとおりの二重管理は一部リスクで不可避であり、また第２、３章のとおりの新たなマクロリスクへの対応も最近の金融環境下で必要となってくることを、本書のまとめとして付け加えておく。逆にいえば、規制において、Too bigな機関に前述のように必要十分を課して国と経営・株主の責任の明確化をするならば、リスクアセットの計上方法をこの行内リスク管理で求められるものと整合するように改定して金融機関に要請することが今後の課題となろう）。

■ Too big でないところの規制内容（帰結２）

また、Too bigでないところ（―その判定条件の定めが必要―）の金融機関には、最小限の規制のみとして自由度を供与し、その一方で破綻時救済をしないことを明確化する。これらの金融機関のリスク管理は、規制への整合目的はきわめて限定的であり、あくまで自らの経営判断のなかで実践されるべきことが明確となる。

帰結１、２をまとめると、金融機関を２つに大別し、一部金融機関には規模の効果や社会的事由からToo big to failを認めながらもその場合、事業を商業銀行に制限しかつ十分に高い自己資本を課して金融の安定性を確保させる一方、それ以外の金融機関には余計な規制コストをかけず新規参入を含め経営自らの努力と責任においてさまざまな金融ビジネスを展開し収益性の追求を可能とさせる、という規制体系に再構築するという考え方である。

■ 金融機関と国の責任の線引き

本書を執筆している2011年夏の時点で、欧州発の危機はすでに目の前に迫りつつあるが、わが国においても、前述の「現代を読み解く鍵①」のとおり、財政の債務残高はGDPの200%という規模までになってしまっている。そして、国債の多くは国内の金融機関が保有しており、一方、銀行の救済のための公的資金がこの財政から提供される仕組みだ。国と銀行が、他のだれにも振り回されない閉じた輪になっており、持合い構造が形成されているといえよう。しかしながら、財政と金融のどちらにきっかけがあっても負のスパイラルで双方が破綻に向かうという構造でもある。

というのは、もし財政が逼迫して国債が暴落すると、これらの金融機関がたちまち経営危機となるが、国が救済しようにも財源の国債が発行できず金融機関も破綻に進む。逆に一部銀行が経営危機になると国が救済するどころか国債が消化できなくなって財政破綻にまでつながりうるからだ。

したがって、まずはその金融と国の持合い構造を軽減することが不可避であり、そのためには、本章1(1)で述べたように、国内金融機関の国債以外への投融資促進と、国債のグローバル化が必要となろう。

それとともに、本項で議論したように、国が金融機関をどこまで救済し、またどこまで規制をするかといった金融システムの整備も求められる。国家と金融機関の責任の線引きがあいまいな法規制のままでは、銀行の破綻が日本の破綻を導きかねない。

残念なことに、金融と財政の持合い構造は、問題が示現するまでは、双方とも大変居心地がいいものであり、これらの当事者からは問題提起がなくても不思議ではない。しかしながら、いまこそ、金融機関の経営者や規制・財政の当局者を含め、多くの読者による、金融の法規制の再構築に向けた行動がおおいに望まれると考える次第である。

3 将来に向けての一考察

本書の最後となったが、金融を超えて、一企業の経営破綻が国民経済を大混乱に陥れるリスクとそれを避けるシステムについて、まことに雑駁であるが、将来に向けての一考察と題して論じてみたい。ある意味で本書全体の応用問題への挑戦に当たる。

本書を執筆しているのは2011年だが、このところ、わが国では、経営破綻したり、危機にさらされているところに、公共性の高い企業が多い。銀行、航空会社、電力と続いてきており、いくつかは、法的整理され、あるいは、公的資金が入り公的管理となったところもある。

なぜ、公共性の高い企業がこのようになりやすいのか、また、その結果、どういう対応がとられ、それでもどんな問題が残っているか。前者のなぜ公共性の高い企業にこのところ多くの破綻が発生したかは企業文化等から多く分析されておりここでは触れない。

■ 銀行の合併と経費削減

では後者のどういう対応がとられそれでもどんな問題が残っているかについては、銀行の場合、都銀といわれるところが10行以上あったわけだが、各々が特別の付加価値をもつわけでもなく、経営が苦しくなるなかで、統合を繰り返すことになる。もし本部の仕事がどの都銀でも類似しているなら合併すると半分になる。また、他行と隣り合って支店をもっていても同じ顧客サービスならこれも半分になる。こうして、人件費を中心とする経費削減を合併で進めることが、この20年の都銀の最も大きな経営努力の１つであった。

■ 独占的企業の経営の失敗

そして、邦銀は統合を繰り返した結果、今度はToo big to fail という状態を一部でつくりだし、前述の２(3)のように、社会的事由から事業の継続が常に要請されるようになる。地域独占の電力会社と同様の公共性を帯びてくるわけだ。ところで、いまなお、10社体制の続く電力会社には、かつての都銀と同様に統合による人件費等の経費削減がこれから問題になるかもしれないが、その点はここでは触れない。あくまで、銀行のToo big to failの特性と電力の独占性に注目する。これらの性格をもつ企業を「特定企業」と呼ぶとして、ここが経営を誤るとどうなるか。普通なら他の企業がとってかわる。ところが「特定企業」ではそれができない。特定企業がたとえば「古い設備をそのまま使い続けたほうが稼働している間は利益率が高いから設備投資を怠る」とする。普通なら将来をみない経営として淘汰されるわけだが、特定企業の場合、他社がとってかわれない。そして、その設備が故障して国民経済に大混乱をもたらすことになる。

ひどいことに、問題が発現するまでの経営者は、たとえ無策でも、利益率が高いと評価される。そして問題が発生したとたんに、経営者だけでは手に負えない致命傷にまでなる。これが、今回の震災を経て電力会社で起こってきたことかもしれないし、Too big to failな銀行に対して懸念されていることだ。

そこで、前述の2(3)では、銀行に対する規制として、

① 日本経済にとりToo big to failを判定する（「特定企業」認定）

② 「特定企業」は(i)公共性業務（商業銀行業務）専業とし、(ii)ここに必要十分な規制を課す

ということを提起した。

■ 新たな企業システムに向けて

同じことは、銀行以外の「特定企業」にも適用されると考える。電力と金融とで比較すると、「送電と商業銀行」（＝公共性業務）、「発電と投資銀行」のアナロジーが可能かもしれない。そのアナロジーのもとでは、独占的な特定企業は送電の専業として、発電は広く開放されて大きくなりすぎないようにのみ監視されるべきではないか（ただし、原子力発電については、第1章1(1)でも述べたように、国家レベルのリスクアピタイトとして明確にされるべきであり別次元のイシューと考えられここでは触れない）。そのためにどんな法体系となるのかは、筆者はあまりに浅学で見当もつかないが、整備は可能と考える。また、社内のリスク管理は、特定企業については必要十分な水準で課せられ

る規制への遵守が主要ミッションとなる。一方、開放されたほうの業務を行う企業は、大きくなりすぎることは国から監視を受けるが、それ以外は、私企業として多様なステーク・ホルダーに対して効率性と安全性のバランスを経営判断して内部リスク管理を推進することになる。

いずれせよ、戦後65年以上にわたり続いてきた企業システムのなかで、金融に限らず、公共性の高い企業について、今後はその破綻により国民経済に大混乱をもたらすことを極力排するような仕掛けづくりが求められているといえよう。

■おわりに

本書は、東日本大震災が起こる1カ月前に執筆を開始し、その夏に脱稿した。その間に環境は一変し、リスク管理も土台から疑われることになった。本書においては、リスク管理の全体像について、いま一度俯瞰し、総点検が必要な事項を洗い出して再構築に向けての方向を示すことに最大限の努力を払ったつもりである。

「はじめに」にも書いたが、リスク管理の生命線は、自己革新的であることだ。常に、新たなリスクへ反応していく仕掛けであることが何よりも大切である。えてして、枠組みや体制構築を終えるとこれを守ることに心血が注がれるようになるが、本末転倒といえよう。なすべきことは、あくまでいままでにも経験したことのないリスクへ備えることであり、自ら決めた枠を守ることではない。

本書では、常に自己革新的であるためには、どうすればいいかを念頭に置き記述してきたつもりだ。表現はどうしても執筆時点の環境やそれまでの歴史のもとでのものになっているが、リスク管理に関しての普遍的な思考法をお示しできていればと考えている。

さて、ある著名な物理学者の言葉だった思うが、「よい講義には、どんなに出来の悪い学生にも理解できるところがあり、どんなに出来のいい学生にも理解できないことがある」とのことだ。出来の悪い学生はその理解できたころをきっかけに学習を広げるであろうし、出来のいい学生はその理解できなかったことを調べて学習を深めることができる、というのだ。本書は、とてもそんな水準には達しておらず内容もまだまだ粗削りだが、少しでも読者にとって、リスク管理の将来を考えるヒントになればと念じて、筆をおきたい。

平成23年　節電の盛夏

西口　健二

【参考文献】

⑴　小林孝明、清水真一郎、西口健二、森永聡編著「オペレーショナル・リスク管理高度化への挑戦」、2009年4月、金融財政事情研究会

⑵　佐藤隆文編著「バーゼルⅡと銀行監督―新しい自己資本比率規制」、2007年3月、東洋経済新報社

⑶　西口健二「岐路に立つ金融機関のリスク管理」、日本総合研究所“Business & Economic Review”2009年7月号

⑷　西口健二「リスク管理を中心とする金融機関の将来展望」、財務省“フィナンシャル・レビュー”2010年第3号、通巻101号

⑸　西口健二「日本の金融機関にはどのような規制が求められているか」、岩波書店「世界」2010年10月号

⑹　西口健二「金融規制とリスク管理実務」、週刊金融財政事情2011年9月26日号、京都大学でのワークショップ「金融規制の再構築」（2011年5月20日）より

⑺　日本総合研究所編「金融システムの将来像」、2010年10月、金融財政事情研究会

⑻　Tobias Adrian & Markus Brunnermeier, CoVar, May 27, 2009

■著者略歴■

西口　健二（にしぐち　けんじ）

1981年　京都大学理学部卒
1983年　京都大学理学部数学教室修士課程修了
1984年　大阪大学理学部数学教室助手
　　　1987年　理学博士
　　　1987～88年　西独マックス・プランク研究所客員研究員
1989年　三井銀行（現三井住友銀行）入行
　　　1991～92年　米NYデリバティブ子会社
　　　2001年　統合リスク管理部副部長
　　　2005年　オペレーショナルリスク管理室長
2009年　日本総合研究所理事

[著作等]（参考文献欄に記載のものを除く）

1998年　ニューヨーク連銀主催国際会議「岐路に立つ金融サービス、21世紀の自己資本規制」で講演（Economic Policy of NY FRB (1998) に論文掲載）
1998年　「信用リスク計量化に基づいて資本配分する」（週刊金融財政事情、4月27日号）
2000年　「統合マネジメントは資本効率向上に不可欠」（週刊金融財政事情、4月10日号）
2000年　「オペリスク管理の方向性」（週刊金融財政事情、6月5日号）

KINZAIバリュー叢書

金融リスク管理の現場

平成23年11月21日　第1刷発行

著　者　西　口　健　二
発行者　倉　田　　　勲
印刷所　図書印刷株式会社

〒160-8520　東京都新宿区南元町19
発　行　所　一般社団法人 金融財政事情研究会
編 集 部　TEL 03(3355)2251　FAX 03(3357)7416
販　　売　株式会社 き ん ざ い
販売受付　TEL 03(3358)2891　FAX 03(3358)0037
URL http://www.kinzai.jp/

ISBN978-4-322-11948-0